新时代坚持和推进"十个明确"的四川实践专题研究系列

新时代

坚持和发展中国特色社会主义的四川实践研究

王晓红 主编

中央党校出版集团
国家行政学院出版社
NATIONAL ACADEMY OF GOVERNANCE PRESS

图书在版编目（CIP）数据

新时代坚持和发展中国特色社会主义的四川实践研究／王晓红主编．—北京：国家行政学院出版社，2023.9
ISBN 978-7-5150-2799-9

Ⅰ.①新… Ⅱ.①王… Ⅲ.①中国特色社会主义-社会主义建设-四川 Ⅳ.①D676.4

中国国家版本馆 CIP 数据核字（2023）第 126762 号

书　　名	新时代坚持和发展中国特色社会主义的四川实践研究 XINSHIDAI JIANCHI HE FAZHAN ZHONGGUO TESE SHEHUIZHUYI DE SICHUAN SHIJIAN YANJIU
作　　者	王晓红　主编
统筹策划	陈　科
责任编辑	陆　夏
责任校对	许海利
责任印制	吴　霞
出版发行	国家行政学院出版社 （北京市海淀区长春桥路6号　100089）
综 合 办	（010）68928887
发 行 部	（010）68928866
经　　销	新华书店
印　　刷	北京九州迅驰传媒文化有限公司
版　　次	2023年9月北京第1版
印　　次	2023年9月北京第1次印刷
开　　本	170毫米×240毫米　16开
印　　张	12.5
字　　数	179千字
定　　价	45.00元

本书如有印装问题，可联系调换，联系电话：（010）68929022

新时代坚持和推进
"十个明确"的四川实践专题研究

编 委 会

主 任

裴泽庆

委 员

王 凡　胡 雯　杨志远　胡业勋

郭 祎　王晓红　张立哲　廖小明

徐 林　徐凤琴　冯梦黎　易 飞

杨雨林

总　序

党的二十大报告指出："我们党勇于进行理论探索和创新，以全新的视野深化对共产党执政规律、社会主义建设规律、人类社会发展规律的认识，取得重大理论创新成果，集中体现为新时代中国特色社会主义思想。十九大、十九届六中全会提出的'十个明确'、'十四个坚持'、'十三个方面成就'概括了这一思想的主要内容，必须长期坚持并不断丰富发展。"由此第一次在党的重大文献中正式出现"十个明确"的概念表述，清晰阐明了"十个明确"在党的创新理论中的理论地位和权威概括，为学习贯彻和研究阐释习近平新时代中国特色社会主义思想提供了方向指引和理论遵循。

"十个明确"的理论概括经历了一个过程。2017年10月，党的十九大报告在"新时代中国特色社会主义思想和基本方略"部分首次用"八个明确"和"十四个坚持"对习近平新时代中国特色社会主义思想的主要内容进行总体性概括。报告中的"八个明确"是：明确坚持和发展中国特色社会主义，总任务是实现社会主义现代化和中华民族伟大复兴，在全面建成小康社会的基础上，分两步走在本世纪中叶建成富强民主文明和谐美丽的社会主义现代化强国；明确新时代我国社会主要矛盾是人民日益增长的美好生活需要和不平衡不充分的发展之间的矛盾，必须坚持以人民为中心的发展思想，不断促进人的全面发展、全体人民共同富裕；明确中国特色社会主义事业总体布局是"五位一体"、战略布局是"四个全面"，强调坚定道路自信、理论自信、制度自信、文化自信；明确全面深化改革总目标是完善和发展中国特色社会主义制度、推进国家治理体系和治理能力现代化；明确全面推进依法治国总目标是建设中国特色社会主义法治体系、建设社会主义法治国家；明确党在新时代的强军目标是建设一支听党指挥、能打胜仗、作风优良的人民军队，把人民军队建设成为世界一流军队；明确中国特色大国外交要推动构建新型国际关系，推动构建人类命运共同体；明确中国特色社会主义最本质的特征是中国共产党领导，中国特色社会主义制度的最大优势是中国共产党领导，党是最高政治领导力量，提出新时代党的建设总要求，突出政治建设在党的建设中的重要地位。

2021年11月，党的十九届六中全会通过的《中共中央关于党的百年奋斗重大成就和历史经验的决议》（以下简称《决议》）第一次将"八个明确"丰富发展为"十个明确"并进行全面阐述。《决议》指出：以习近平同志为主要代表的中国共产党人，坚持把马克思主义基本原理同中国具体实际相结合、同中华优秀传统文化相结合，坚持毛泽东思想、邓小平理论、"三个代表"重要思想、科学发展观，深刻总结并充分运用党成立以来的历史经验，从新的实际出发，创立了习近平新时代中国特色社会主义思想，明确中国特色社会主义最本质的特征是中国共产党领导，中国特色社会主义制度的最大优势是中国共产党领导，中国共产党是最高政治领导力量，全党必须增强"四个意识"、坚定"四个自信"、做到"两个维护"；明确坚持和发展中国特色社会主义，总任务是实现社会主义现代化和中华民族伟大复兴，在全面建成小康社会的基础上，分两步走在本世纪中叶建成富强民主文明和谐美丽的社会主义现代化强国，以中国式现代化推进中华民族伟大复兴；明确新时代我国社会主要矛盾是人民日益增长的美好生活需要和不平衡不充分的发展之间的矛盾，必须坚持以人民为中心的发展思想，发展全过程人民民主，推动人的全面发展、全体人民共同富裕取得更为明显的实质性进展；明确中国特色社会主义事业总体布局是经济建设、政治建设、文化建设、社会建设、生态文明建设五位一体，战略布局是全面建设社会主义现代化国家、全面深化改革、全面依法治国、全面从严治党四个全面；明确全面深化改革总目标是完善和发展中国特色社会主义制度、推进国家治理体系和治理能力现代化；明确全面推进依法治国总目标是建设中国特色社会主义法治体系、建设社会主义法治国家；明确必须坚持和完善社会主义基本经济制度，使市场在资源配置中起决定性作用，更好发挥政府作用，把握新发展阶段，贯彻创新、协调、绿色、开放、共享的新发展理念，加快构建以国内大循环为主体、国内国际双循环相互促进的新发展格局，推动高质量发展，统筹发展和安全；明确党在新时代的强军目标是建设一支听党指挥、能打胜仗、作风优良的人民军队，把人民军队建设成为世界一流军队；明确中国特色大国外交要服务民族复兴、促进人类进步，推动建设新型国际关系，推动构建人类命运共同体；明确全面从严治党的战略方针，提出新时代党的建设总要求，全面推进党的政治建设、思想建设、组织建设、作风建设、纪律建设，把制度建设贯穿其中，深入推进反腐败斗争，落实管党治党政治责任，以伟大自我革命引领伟大社会革命。这些战略思想和创新理念，是党对中国特色社会主义建设规律认识深化和理论创新的重大成果。

　　从"八个明确"到"十个明确"，既有表述次序的重要调整，又有表述内容的重大创新。从次序上看，党的十九大报告中的第八个明确在《决议》中被摆到第一位，《决议》第一个明确重申中国特色社会主义最本质的特征是中国共产党领导，强调中国特色社会主义制度的最大优势是中国共产党领导，强调中国共产党是最高政治领导力量，同时增写了全党必须增强"四个意识"、坚定"四个自信"、做到"两个维护"。这是因为党的十八大以来，正是确立习近平同志党中央的核心、全党的核心地位，确立习近平新时代中国特色社会主义思想的指导地位，党和国家事业才发生了历史性变革、取得了历史性成就。这与《决议》提出"两个确立"是紧密联系、互为支撑的，讲清了中国共产党在中国特色社会主义事业中的领导核心作用，凸显了坚持和加强党的全面领导特别是党中央集中统一领导的重大原则和根本地位。

从内容上看,《决议》新增了第七个明确,即"明确必须坚持和完善社会主义基本经济制度,使市场在资源配置中起决定性作用,更好发挥政府作用,把握新发展阶段,贯彻创新、协调、绿色、开放、共享的新发展理念,加快构建以国内大循环为主体、国内国际双循环相互促进的新发展格局,推动高质量发展,统筹发展和安全"。这体现了以习近平同志为核心的党中央推动我国经济发展实践的宝贵智慧和理论结晶,是中国特色社会主义政治经济学的最新成果和重大发展。《决议》新增了第十个明确,即"明确全面从严治党的战略方针,提出新时代党的建设总要求,全面推进党的政治建设、思想建设、组织建设、作风建设、纪律建设,把制度建设贯穿其中,深入推进反腐败斗争,落实管党治党政治责任,以伟大自我革命引领伟大社会革命"。从结构上看,新增的第十个明确讲全面从严治党,这与第一个明确讲中国共产党领导做到首尾呼应、逻辑统一,同时也与《决议》总结归纳的党的百年奋斗的十条历史经验中的坚持党的领导和坚持自我革命,形成一前一后的呼应关系。除了新增的第七个明确和第十个明确外,《决议》还增加了一些十分重要的新表述。如第二个明确里新增"以中国式现代化推进中华民族伟大复兴"的表述,这反映了习近平新时代中国特色社会主义思想对建设什么样的社会主义现代化强国、怎样建设社会主义现代化强国这一重大时代课题的深邃思考和准确判断,进一步指明了中国式现代化道路的前进方向和光明图景。第三个明确里新增了"发展全过程人民民主"的表述,这是对中国特色社会主义政治建设理论和实践的新发展。第九个明确里强调中国特色大国外交的总目标,新增了"服务民族复兴、促进人类进步"的新表述,构成习近平外交思想的重要组成部分。总体上看,这些新表述、新论断深刻反映了党的十九大以来,以习近平同志为核心的党中央对新时代坚持和发展什么样的中国特色社会主义、怎样坚持和发展中国特色社会主义,建设什么样的社会主义现代化强国、怎样建设社会主义现代化强国,建设什么样的长期执政的马克思主义政党、怎样建设长期执政的马克思主

总 序
TOTAL ORDER

义政党等重大时代课题的深邃思考和科学回答进一步深入，更加系统、科学、全面、准确地阐明了习近平新时代中国特色社会主义思想，是党的创新理论的集中概括和凝练表达。

党的创新理论内涵十分丰富，涵盖新时代坚持和发展中国特色社会主义的总目标、总任务、总体布局、战略布局和发展方向、发展方式、发展动力、战略步骤、外部条件、政治保证等基本问题，并根据新的实践对党的领导和党的建设、经济、政治、法治、科技、文化、教育、民生、民族、宗教、社会、生态文明、国家安全、国防和军队、"一国两制"和祖国统一、统一战线、外交等各方面作出新的理论概括和战略指引，贯通马克思主义哲学、马克思主义政治经济学、科学社会主义，贯通历史、现在、未来，贯通改革发展稳定、内政外交国防、治党治国治军等各领域。在这一科学系统、逻辑严密、有机统一的理论体系中，"十个明确"主要从战略和理论层面阐明了新时代中国特色社会主义"是什么"的问题，"十四个坚持"主要从策略和实践层面明确了新时代中国特色社会主义"怎么办"的问题，"十三个方面成就"主要从标志性成果和历史性成就层面检验了新时代中国特色社会主义"好不好"的问题，它们共同架构和集中升华习近平新时代中国特色社会主义思想的科学性、系统性、人民性、实践性、开放性。

"十个明确"坚持实事求是的思想路线，秉承马克思主义与时俱进的理论品格，深深植根于中华优秀传统文化，从体系化和学理性层面展示了我们党对习近平新时代中国特色社会主义思想的科学建构和系统阐释，反映了我们党对共产党执政规律、社会主义建设规律、人类社会发展规律的的认识深化，集聚了我们党治国理政新理念新思想新战略和原创性贡献，具有鲜明时代性、深厚民族性、彻底理论性、整体逻辑性。其整体性内在逻辑大致如下：方向引领（党的领导）—目标指引（总任务）—根本立场（以人民为中心）—战略路径（总体布局和战略布局）—根本动力（全面深化改革总目标）—本质要求（全面依法治国总目标）—中心工作（基本经济制度）—坚强铸石（强军目标)—战略保障(特色外交)—政治保证(全面从严治党)。

具体而言,"十个明确"中的每一个明确都有着十分丰富的内涵意蕴和实践要求,其在聚焦坚持和发展中国特色社会主义这一宏大主题基础上,又在各自领域体现出强烈的价值指向、鲜明的结构主线、突出的逻辑重点。第一个明确突出了党对创立和发展中国特色社会主义的领导核心作用,强化了党的领导制度在中国特色社会主义制度体系中的核心地位和根本保证作用。第二个明确擘画了实现中华民族伟大复兴的宏伟蓝图,明确了新时代实现民族复兴的总任务和顶层设计,将任务、目标、道路统一于一体,明晰了全面建设社会主义现代化国家的时间表和路线图,成为引领中国进步发展的鲜明旗帜。第三个明确指明了我国社会主要矛盾的重大变化,提出了以人民为中心的发展思想,从政治层面提出发展全过程人民民主,从终极关怀层面提出人的全面发展和共同富裕目标,是对发展马克思主义的重大贡献。第四个明确将中国特色社会主义事业"五位一体"总体布局和"四个全面"战略布局相互促进、统筹联动,从总体上确立了新时代坚持和发展中国特色社会主义的战略规划和发展路径。第五个明确从全面深化改革总目标视角构建系统完备、科学规范、运行有效的制度体系,明确提出国家治理体系和治理能力现代化,是对马克思主义国家学说的原创性贡献。第六个明确提出全面依法治国总目标和推进路径,深化了马克思主义关于社会主义法治建设的思想。第七个明确强调必须坚持和完善社会主义基本经济制度,使市场在资源配置中起决定性作用,更好发挥政府作用,提出把握新发展阶段、贯彻新发展理念、构建新发展格局、推动高质量发展的新理念新思想新战略,是对马克思主义政治经济学的重大发展。第八个明确提出党在新时代的强军目标,坚持政治建军、改革强军、科技强军、人才强军、依法治军,丰富发展了马克思主义军事理论。第九个明确提出中国特色大国外交的根本使命,倡导全人类共同价值,推动构建人类命运共同体,是对马克思主义关于世界历史思想和国际关系思想的原创性贡献。第十个明确从党的自我革命高度加强党的自身建设，突出共产党人精神谱系和政治特质，是对马克思主义政党学说和建设规律的重大发展。

2023年是学习贯彻党的二十大精神的开局之年，在全党开展的学习贯彻习近平新时代中国特色社会主义思想主题教育正如火如荼地进行着。置于这个背景下审视，对"十个明确"的丰富内涵及其实践要求进行研究，具有重要的理论价值和实践意义。中共四川省委党校（四川行政学院）专门组建研究团队，集中学术资源，历时两年多开展"十个明确"的四川实践专题研究，一方面是落实学习贯彻习近平新时代中国特色社会主义思想政治首课的理论使命使然，另一方面是落实推动治蜀兴川再上新台阶、奋力谱写中国式现代化四川新篇章的实践要求使然。我们旨在通过这种体系化、协作式研究，力图从理论上弄清"十个明确"的科学内涵和重大意义，从实践上厘清"十个明确"对建设现代化四川的时代要求，以实际行动践行为党育才、为党献策的党校初心，在新时代新征程作出应有的党校贡献。

是为序。

裴泽庆
2023年4月

前　言

党的十八大以来，中国特色社会主义进入新时代，以习近平同志为核心的党中央系统回答了新时代坚持和发展什么样的中国特色社会主义、怎样坚持和发展中国特色社会主义，建设什么样的社会主义现代化强国、怎样建设社会主义现代化强国等重大时代课题，并且系统谋划了分两步走全面建成社会主义现代化强国的战略安排，有力指导和推动我国社会主义现代化建设迈出坚实步伐。

当前，世界正经历百年未有之大变局，我国正处于实现中华民族伟大复兴的关键时期，我们必须深刻领悟"两个确立"的决定性意义，深刻把握"中国式现代化"特定领域的原创性思想、战略性举措、变革性实践、突破性进展和标志性成果；始终在思想上政治上行动上同以习近平同志为核心的党中央保持高度一致。党的二十大报告指出：从现在起，中国共产党的中心任务就是团结带领全国各族人民全面建成社会主义现代化强国、实现第二个百年奋斗目标，以中国式现代化全面推进中华民族伟大复兴。坚持党的全面领导是坚持和发展中国特色社会主义的必由之路，中国特色社会主义是实现中华民族伟大复兴的必由之路。

本书以实现中华民族伟大复兴是中国共产党人的历史使命、"四个自信"视野下的中国特色社会主义和新时代接续推进中国特色社会主义伟大事业为历史逻辑、理论逻辑和实践逻辑，深刻把握坚持和发展中国特色社会主义的总任务。从历史的角度回顾总结得出实现中华民族伟大复兴是中国共产党与生俱来的使命，回答了如何坚持和发展中国特色社会主义与怎样建成社会主义现代化强国的时间表和路线图。在建设社会主义现代化强国的进程中,全面建成小康社会为中华民族伟大复兴创造了重要条件,是推进中国式现代化的卓越实践。中国式现代化的伟大探索与重大成果,深化和拓展了社会主义现代化的科学内涵,明确了推进中华民族伟大复兴的重要原则和战略安排。这些重要原则和战略安排是推动新时代治蜀兴川再上新台阶,奋力谱写全面建设社会主义现代化四川新篇章的科学指南和行动纲领。

我们相信,有以习近平同志为核心的党中央的坚强领导,有习近平新时代中国特色社会主义思想的科学指引,21世纪中叶的中国必将呈现给世人一个人口规模巨大、全体人民共同富裕、物质文明和精神文明相协调、人与自然和谐共生、走和平发展道路的现代化。中国式现代化将给世界上那些既希望加快发展又希望保持自身独立性的国家和民族提供全新选择。

目录

第一章　中国特色社会主义的历史逻辑、理论逻辑和实践逻辑　001

一、历史逻辑：实现中华民族伟大复兴是中国共产党人的历史使命　001
　（一）盛世与辉煌：中华民族是世界上古老而伟大的民族　001
　（二）衰落与尝试：近代中国的苦难挣扎与艰难选择　004
　（三）探索与重塑：中国共产党人百年奋斗的历史主题　006

二、理论逻辑："四个自信"视野下的中国特色社会主义　011
　（一）中国特色社会主义道路：创造人民美好生活、实现中华民族伟大复兴的康庄大道　011
　（二）中国特色社会主义理论：指导党和人民实现中华民族伟大复兴的正确理论　013
　（三）中国特色社会主义制度：当代中国发展进步的根本制度保障　015
　（四）中国特色社会主义文化：激励全党全国各族人民奋勇前进的精神力量　018

三、实践逻辑：新时代接续推进中国特色社会主义伟大事业　020
　（一）中国特色社会主义是历经"五个得来"的复兴之路　020
　（二）中国特色社会主义是改革开放以来党的全部理论和实践的主题　024
　（三）中国共产党领导是中国特色社会主义最本质特征和最大制度优势　026

第二章　以中国式现代化全面推进中华民族伟大复兴　031

一、以中国式现代化推进中华民族伟大复兴的重大意义　031
（一）实现了马克思主义中国化时代化新的飞跃　032
（二）中华民族强起来伟大飞跃的基本遵循　033
（三）发展中国家走向现代化的中国方案　033
（四）社会主义实现伟大复兴的时代证明　034
二、以中国式现代化推进中华民族伟大复兴的理论底蕴　035
（一）中国式现代化的丰富内涵　036
（二）中国式现代化的本质要求　048
三、以中国式现代化推进中华民族伟大复兴的实践路径　052
（一）深刻把握以中国式现代化推进中华民族伟大复兴的时代要求　053
（二）坚决贯彻以中国式现代化推进中华民族伟大复兴的重大原则　058
（三）全面统筹以中国式现代化推进中华民族伟大复兴的重大关系　061

第三章　坚持和发展中国特色社会主义的总任务　067

一、"四个现代化"战略目标的提出与实施　067
（一）"四个现代化"概念形成　068
（二）"四个现代化"战略构想　070
（三）"四个现代化"目标深化与拓展　072
二、"三步走"战略的提出与推进　075
（一）"两步走"设想　075
（二）"三步走"发展战略　077

（三）新"三步走"战略　　078

三、"两个一百年"奋斗目标与新时代"两步走"战略　　080

　　（一）"两个一百年"奋斗目标的提出　　080

　　（二）第一个百年奋斗目标的实现　　083

　　（三）新时代"两步走"战略：向第二个百年奋斗目标进军　　085

第四章　开启全面建设社会主义现代化国家新征程　　089

一、在中国大地上全面建设小康社会　　090

　　（一）小康社会的历史演进　　090

　　（二）党的十八大以来全面建成小康社会的重大成就　　096

　　（三）全面建成小康社会的重大意义与深刻启示　　104

二、新时代新征程的重大意义　　117

　　（一）全面把握我国基本国情的必然要求　　118

　　（二）深刻明晰社会主义本质的内在需要　　120

　　（三）深入把控发展核心观念的题中之义　　121

　　（四）逐步推进人类社会解放的全新选择　　122

三、新时代新征程的实践路径　　123

　　（一）全面把握新时代新征程的丰富内涵　　123

　　（二）系统部署新时代新征程的战略目标　　124

　　（三）坚决贯彻新时代新征程的理论要求　　125

第五章　新时代坚持和发展中国特色社会主义的四川实践　　127

一、决战脱贫攻坚、决胜全面小康的四川贡献　　128

　　（一）历史性的脱贫攻坚成就　　128

（二）欠发达地区走高质量发展道路的伟大实践　　132
　　（三）伟大的脱贫攻坚精神　　139
二、新时代推进社会主义现代化四川建设的根本遵循　　142
　　（一）坚定以习近平新时代中国特色社会主义思想和习近平总书记对四川工作系列重要指示精神为指导　　142
　　（二）牢牢把握新时代治蜀兴川的总体要求　　145
　　（三）牢牢把握新时代治蜀兴川的重大原则　　148
　　（四）牢牢把握新时代治蜀兴川的发展方向　　153
　　（五）牢牢把握新时代治蜀兴川的根本保证　　154
三、奋力谱写四川发展新篇章的重要原则和奋斗目标　　158
　　（一）奋力谱写四川发展新篇章的重要原则　　158
　　（二）奋力谱写四川发展新篇章的重要目标　　161

后　记　　180

第一章 中国特色社会主义的历史逻辑、理论逻辑和实践逻辑

方向决定道路,道路决定命运。中国共产党团结带领全国各族人民在长期的实践探索中,坚持独立自主走自己的道路,取得了革命、建设、改革的伟大胜利,开创和发展了中国特色社会主义,从根本上改变了中国人民和中华民族的前途命运。习近平总书记更是在党的二十大上明确提出:中国特色社会主义是实现中华民族伟大复兴的必由之路。在今天的逻辑语境中,我们不仅要知其然,更要知其所以然。总的来说,中国特色社会主义之所以能够救中国、发展中国、实现中华民族伟大复兴,根源于中国共产党要实现中华民族伟大复兴的历史渊源;根源于中国特色社会主义蕴含着关于道路、理论、制度、文化的理论阐释;根源于中国特色社会主义要在新时代接续推进伟大事业的实践逻辑。

一、历史逻辑:实现中华民族伟大复兴是中国共产党人的历史使命

中国特色社会主义开创于改革开放历史新时期,建立在中国共产党一百多年长期奋斗的基础上,其思想、理论和实践的逻辑源头就在于中国共产党一以贯之地为中国人民谋幸福、为中华民族谋复兴的初心和使命上。

(一)盛世与辉煌:中华民族是世界上古老而伟大的民族

中华民族是在具有悠久历史传统的华夏大地上生长出来的古老而又伟

大的民族，它有着历史悠久的民族文化、灿烂辉煌的民族记忆和历久弥坚的民族精神，这就构成了中国梦的源头。英国著名历史学家汤因比就认为中华文明是从原始社会开始并保存至今的最古老文明之一。① 毛泽东同志也曾自豪地对中华文明的发达性与悠久性作了点评："在中华民族的开化史上，有素称发达的农业和手工业，有许多伟大的思想家、科学家、发明家、政治家、军事家、文学家和艺术家，有丰富的文化典籍。……中国是世界文明发达最早的国家之一，中国已有将近四千年有文字可考的历史。"②

中华民族有着历史悠久的民族文化。正是多样统一的中华文化，孕育了中华民族。一方面，从纵向的历史深度来看，中华文化是世界上最古老且持续时间最长的文明形态。中国的文明曙光出现于公元前21世纪的夏代，虽然经历了几千年的朝代更迭、战乱与分合，始终保持了文明的传承，《诗经》《尚书》《春秋》《十二诸侯年表》《史记》《十六国春秋》等文献充分地反映了中国古老文明的连续传承和发展进步；中国自公元前841年开始，就有了逐年不断的历史记载，这些记载也表明中国的文明从未中断过。另一方面，从横向的文化厚度来讲，中华文化是在多样文化相互交融、互相吸收基础上形成的文化整体，它的灿烂程度不仅影响了中华民族，而且影响了世界。从"天下大同"的政治理想到"民为邦本"的民本思想，再到"科举制"的制度设计和"四大发明"的泽被后世，以及天文、数学、地学、中医学等领域，中华文化的成果享誉世界。据统计，在16世纪以前，世界上影响人类生活的重大科技发明约有300项，而中国的发明就占了175项。因此，英国人李约瑟在《中国科学技术史》中写道："在现代科学技术登场前十多个世纪，中国在科技和知识方面的积累远胜于西方。"

---

① 黄力之、朱俊英：《从历史到现实：中华文明的世界文明意义》，《云梦学刊》2022年第43期。
② 《毛泽东选集》第二卷，人民出版社1991年版，第622页。

第一章
中国特色社会主义的历史逻辑、理论逻辑和实践逻辑

中华民族有着灿烂辉煌的民族记忆。正是因为中华民族的历史记忆中几度出现了辉煌盛世，才有了实现中华民族伟大复兴的中国梦。首先从中华民族的内部发展来讲，中国的历史上曾经多次出现过辉煌盛世。这些历史上的辉煌集中表现为：古代中国在秦、汉、唐、元、明、清时期大一统局面后空前辽阔的疆域和各民族之间经济文化交流的空前繁荣；尤其是在唐朝时期和清朝时期，出现了辉煌的贞观之治与康乾盛世，这些时期民丰物阜、国富兵强、幅员辽阔，在世界上处于领先地位。同时，从中华民族的对外交流来说，中国的历史上曾经多次与世界进行经济、文化等方面的交流。一方面，从陆上丝绸之路到海上丝绸之路，从鉴真东渡到玄奘西天取经，再到郑和七下西洋，这些生动的历史史实留下了中华民族积极主动与世界进行交流的民族记忆。另一方面，从唐朝时期的遣唐使到元朝时期的《马可·波罗游记》再到清朝时期的《万国来朝图》，中国历史上各朝代不仅有人物、书籍、图画，还铸有"天下太平，万国来朝"铜钱，烧制了"八蛮进宝"青花碗，立起了"万国来朝"雕塑等具体的物件见证了中华民族热衷于与世界进行交流的历史以及中国所一直秉持着的"协和万邦"的理念。

中华民族有着历久弥坚的民族精神。正是因为中华民族拥有以爱国主义为核心的民族精神，才形成了中华民族生生不息、团结奋进的不竭动力。一个民族，没有振奋的精神和高尚的品格，不可能自立于世界民族之林。民族精神是一个民族生存和发展的动力和支撑，是民族意识的最高形式，当一个民族面临危险时，以文化软实力见诸的民族精神往往会有"硬表现"。在5000多年的历史长河中，中华民族形成了以爱国主义为核心的民族精神。从宏观来讲，以爱国主义为核心的民族精神的影响广度扩展到了整个民族。在民族精神的影响下，从"岂曰无衣"的底层民众到"家祭无忘告乃翁"的社会精英，再到"君王死社稷"的封建君主，中华民族的各个阶层都在为整个国家的生存和发展贡献力量。从微观来讲，以爱国主义为核心的民族精神的影响深入到了个人的价值判断和价值选择。不

论是"一去不返"的荆轲,还是"啮雪牧羝"的苏武,抑或是"留取丹心"的文天祥,中华民族的仁人志士在国家利益和个人得失的价值判断中,毅然决然地选择了前者。总的来说,以爱国主义为核心的中华民族精神根植于5000多年的中华文明历史之中,鼓舞一代又一代中华儿女为了国家富强、民族振兴、人民幸福的事业而砥砺前行。

(二) 衰落与尝试:近代中国的苦难挣扎与艰难选择

昨天的成功并不代表着今后能够永远成功,过去的辉煌并不意味着未来可以永远辉煌。中国的近代史就是一部中华民族逡巡于命运低谷的血泪史、苦难史、屈辱史。近代的中华民族在"耄耋的封建时代"与"年轻的资本主义时代"的碰撞中瑟缩、挣扎、徘徊,并在先进分子的引领下于阵痛中进行尝试和探索,在哭泣、悲歌、呐喊和抗争中将中国梦揽入怀中。

近代中国历史上的"盛世衰落与美梦破碎"。中国历史上最后一个封建王朝是清王朝,早期的清王朝励精图治,一度出现了康乾盛世。但政治腐败、财政危机、闭关锁国、社会动荡、科技和军事落后等因素在遇上时代的变迁后,清王朝由盛转衰。与此同时,欧美资本主义却在迅猛发展,并向海外大规模扩张,其枪口很快对准了资源丰富、市场广大、政府腐败、技术落后的中国,中华民族因此遭受了前所未有的劫难。1839年林则徐在广州虎门开展禁烟销烟运动,英国为了保护其利益,在1840年发动了第一次鸦片战争。清军一败涂地,清政府签订了卖国投降的《广州和约》及后来的《南京条约》《虎门条约》及其附约。这场战争使中国的主权受到了严重侵犯,领土完整遭到破坏,司法、关税等主权开始丧失,中国开始受制于西方列强,开始沦为半殖民地半封建社会。而鸦片战争后,西方列强希望控制清政府以获得更多的侵略特权。在1849年前后,西方列强多次申请"修约",想维持和增加侵略权利,被清政府拒绝后于1856年10月23日发动第二次鸦片战争,1860年10月火烧圆明园、控制北京城,清政府被迫签订《天津条约》和《北京条约》,致使我国半殖民地化

第一章
中国特色社会主义的历史逻辑、理论逻辑和实践逻辑

程度继续加深。1894年甲午海战我国失败，被迫签订《马关条约》，大大加深了我国的半殖民地化和民族危机。西方列强在这个时期掀起了瓜分中国的狂潮，加大了对华经济扩张，美国甚至提出了"门户开放"政策，平衡和协调各国对中国的侵略；1900年八国联军入侵，清政府全盘接受"议和大纲"，与11国签订了屈辱的《辛丑条约》，清政府进一步成为西方列强统治我国的工具。这些战争使中国的社会性质、社会矛盾发生了根本性的变化，中国彻底沦为半殖民地半封建社会。

近代中国历史上的"苦难挣扎与艰辛尝试"。面对西方列强对我国国家、民族和人民的压迫和凌辱，中华儿女不信邪、不怕鬼、不怕压，苦苦探求救国救民的道路。首先，广大农民群众率先站了出来，于1851发起了太平天国运动，建立了自己的政权，担负起了反封建、反侵略的任务。在前期颁布了《天朝田亩制度》，坚决地否定了封建土地所有制；后期颁行了《资政新篇》，提出了具有资本主义色彩的一系列主张。但由于未能摆脱农民阶级自身的局限性和缺乏先进思想的指导、先进政党的领导，轰轰烈烈的太平天国运动失败了。其次，清朝统治阶级为了自救，由洋务派提出了"自强""求富"等口号，主张"中学为体，西学为用"，发动了历时30多年的洋务运动，先后创办了许多产业，开办了许多企业，开办报刊社、新式学堂，通过选派留学生、翻译书籍加强"西学"。洋务运动虽然在客观上推动了中国生产力的发展，促使了中国民族资本主义的产生与发展，在一定程度上抵制了外国资本主义的经济输入，但其实质是一场由失败的封建大地主统治阶级领导的自救运动，并不能富强国家。再次，资产阶级改良派也进行了拯救民族危亡的艰难探索。1898年6月11日，以康有为、梁启超为代表的资产阶级改良派发起了戊戌变法运动，提出改革政府机构、鼓励私人兴办工矿企业、开办新式学堂、传播新思想、创办报刊、训练新式陆军海军、废除八股文等举措。但因变法损害到以慈禧太后为首的守旧派的利益，其最终以光绪帝被囚、康梁逃亡、谭嗣同等"戊戌六君子"被杀而告终。戊戌变法是一次具有爱国救亡意义的变法维新运

动,是中国近代史上一次重要的政治改革,也是一次思想启蒙运动,但因其未能认识到封建势力的顽固和资产阶级的弱小而导致失败。最后,以孙中山为代表的资产阶级革命派也进行了民族复兴的探索。1905年成立的同盟会提出"驱除鞑虏,恢复中华,创立民国,平均地权"的政治纲领。1911年至1912年初,资产阶级革命派发动辛亥革命,成功推翻了清朝的统治,结束了中国的帝制,开启了民主共和新纪元,使共和观念深入社会中上层人士思想中。但由于资产阶级革命派没有明确提出彻底的反帝反封建的革命纲领、不能充分发动和依靠人民群众、不能建立坚强的革命政党,导致革命成果被北洋军阀窃取,未能实现民族振兴。

(三)探索与重塑:中国共产党人百年奋斗的历史主题

从鸦片战争到辛亥革命,近代社会各种政治力量和中国人民进行了不屈不挠的探索和尝试。历史事实证明:中国的民族资产阶级不能领导中国人民完成反帝反封建的任务,中国革命的胜利有待先进阶级和政党的领导,有待寻找新的指导思想和革命道路。而以马克思列宁主义为指导的工人阶级政党——中国共产党,毅然决然地接过了民族复兴的大旗。中国共产党一经成立,就把为中国人民谋幸福、为中华民族谋复兴作为自己的初心和使命。一百多年来,中国共产党人团结带领全国各族人民取得了救国、兴国、富国的历史性成就,并将完成强国大业,在实现中华民族伟大复兴的道路上行稳致远。

1. 救国:创造中华民族伟大复兴的社会条件

新民主主义革命时期,中国共产党团结带领全国各族人民完成了反对帝国主义、封建主义、官僚资本主义的历史任务,争取民族独立、人民解放,为实现中华民族伟大复兴创造了根本社会条件。

辛亥革命后,西方资本主义国家并没有放弃对中国的殖民掠夺,中华民族依然处在内忧外患、社会危机空前深重的社会环境中。而十月革命的一声炮响,给我们送来了马克思列宁主义。在新文化运动和五四运动的思

第一章
中国特色社会主义的历史逻辑、理论逻辑和实践逻辑

想洗礼下,在近代中国社会的剧烈变动中,在马克思列宁主义同中国工人运动的结合过程中,中国共产党于1921年7月成立。中国共产党成立后,就把为中国人民谋幸福、为中华民族谋复兴作为自己的初心和使命,并且为之奋斗、为之牺牲。在新民主主义革命时期,中国共产党人坚持把马克思主义的普遍原理应用于中国革命的实际,开展国共第一次合作,推动了国民革命的兴起;发动南昌起义,打响了武装反抗国民党反动派的第一枪;建立农村革命根据地,保存和发展革命力量;进行第二次国共合作,取得了抗日战争的胜利;制定了新民主主义的革命总路线,实现了马克思主义与中国实际相结合的第一次伟大飞跃,创立了毛泽东思想;打败了国民党反动派,建立了新中国,完成了新民主主义革命的历史任务。

中国共产党带领全国各族人民取得的新民主主义革命胜利成功地开启了国家富强、民族振兴、人民幸福的历史新纪元。首先,新民主主义革命时期成立了新中国,解除了国家蒙辱的状态。新中国一方面收回了国家主权,结束了半殖民地半封建社会,使中国成为独立自主的国家,使中国的国际地位开始提升;另一方面,实现了中国从几千年封建专制政治向人民民主的伟大飞跃,为当代中国的一切发展进步奠定了坚实基础。其次,新民主主义革命时期打倒了外来侵略者,解除了民族蒙难和文明蒙尘的状态。在新民主主义革命时期,中国共产党带领全国各族人民打倒日本帝国主义和西方资本主义国家,赢得了民族独立,使具有5000多年文明历史的中华民族从此进入了发展进步的新阶段,中华文明也不再蒙尘。最后,新民主主义革命时期推翻了压在中国人民头上的"三座大山",实现了人民解放和社会稳定。尤其是新中国成立后,亿万人民掌握了国家的权力、成为了国家的主人,也在稳定的社会环境中得到了基础的发展条件。

2. 兴国:奠定中华民族伟大复兴的政治前提

社会主义革命和建设时期,中国共产党团结带领全国各族人民实现从新民主主义到社会主义的转变,完成了社会主义革命和社会主义建设的历

史任务，为实现中华民族伟大复兴奠定根本政治前提和制度基础。

新中国成立后，面对一穷二白的社会现状，中国共产党继续牢记初心使命，团结带领全国各族人民迅速恢复了国民经济，建立了各级人民政权；建立起了中国共产党领导的多党合作和政治协商制度、人民代表大会制度、民族区域自治制度，并确立了党的领导地位和马克思主义指导地位，奠定了我国政治制度的基本框架；随后领导完成了对农业、手工业和资本主义工商业的社会主义改造，建立了社会主义一系列基本制度；接着，我国快速建立起了比较完整的现代工业体系和国民经济体系；同时，坚决地战胜了帝国主义、霸权主义的一系列挑衅，取得了捍卫国家安全的抗美援朝、对印自卫反击战、珍宝岛保卫战等胜利；此外，中国共产党长期坚持独立自主的原则，建立了最广泛的国际反霸统一战线，使我国的国际地位与国际影响力得到了明显的提升。

中国共产党带领全国各族人民取得的社会主义革命和建设的胜利成功地扭转了中华民族近代以来不断衰落的命运。一方面，在社会主义革命和建设时期，在中国共产党的领导下，中华民族找到了实现中华民族伟大复兴的道路。对农业、手工业和资本主义工商业的社会主义改造，使中国从新民主主义社会跨入了社会主义社会，实现了中华民族有史以来最为广泛而又深刻的社会变革。这次变革使中国走上了社会主义道路，实践充分证明，只有社会主义才能救中国，只有社会主义才能发展中国。另一方面，在社会主义革命和建设时期，在中国共产党的领导下奠定了实现中华民族伟大复兴的根本政治前提和制度基础。中国共产党领导的多党合作和政治协商制度、人民代表大会制度、民族区域自治制度以及社会主义基本制度的确立，实现了中华民族由近代不断衰落到根本扭转命运、持续走向繁荣富强的伟大飞跃，为实现中国梦奠定了政治、经济、文化的制度基础。

3. 富国：提供中华民族伟大复兴的重要基础

改革开放和社会主义现代化建设新时期，中国共产党团结带领全国各族人民继续探索中国建设社会主义的正确道路，解放和发展社会生产力，

第一章
中国特色社会主义的历史逻辑、理论逻辑和实践逻辑

使人民摆脱贫困、尽快富裕起来，为实现中华民族伟大复兴提供充满新的活力的体制保证和快速发展的物质条件。

党的十一届三中全会以后，中国共产党团结带领全国各族人民深刻总结我国社会主义建设正反两方面的经验，创立了邓小平理论；实行改革开放的历史性决策；深刻揭示社会主义本质；确立社会主义初级阶段基本路线；明确提出走自己的路、建设中国特色社会主义。党的十三届四中全会以后，中国共产党团结带领全国各族人民捍卫了中国特色社会主义；确立了社会主义市场经济体制改革的目标和基本框架、社会主义初级阶段的基本经济制度和分配制度；开创改革开放的新局面，加入世界贸易组织；提出"一国两制"，推动香港澳门回归；推进党的建设新的伟大工程，形成了"三个代表"重要思想。党的十六大以后，中国共产党团结带领全国各族人民推进全面建设小康社会；坚持以人为本、全面协调可持续发展，形成了科学发展观；着力保障和改善民生，促进社会公平正义，构建社会主义和谐社会；加快生态文明建设；推动建设和谐世界。

中国共产党带领全国各族人民在改革开放和社会主义现代化建设新时期所取得的伟大历史成就为实现中华民族伟大复兴提供了重要的基础。一方面，为实现中华民族伟大复兴提供了充满新的活力的体制保证。这一时期，中国共产党坚决推进经济体制改革，坚持和完善基本经济制度和分配制度，实现了从高度集中的计划经济体制到充满活力的社会主义市场经济体制、从封闭半封闭到全方位开放的历史性转变；推动政治、文化、社会等各领域体制改革，推进党的建设制度改革，不断形成和发展符合当代中国国情、充满生机活力的体制机制。另一方面，为实现中华民族伟大复兴提供了快速发展的物质条件。这一时期，在中国共产党的领导下，我国应对了各种挑战、经济发展水平不断提高、不断推进民主法制建设、构建社会主义和谐社会、加快推进社会主义文化大发展大繁荣、大力推进生态文明建设，经济生态、政治生态、文化生态、社会生态、自然生态等外在物质条件得到了进一步的发展。

4. 强国：迎来中华民族伟大复兴的光明前景

党的十八大以来，中国特色社会主义进入新时代。中国共产党团结带领全国各族人民实现第一个百年奋斗目标，开启实现第二个百年奋斗目标新征程，朝着实现中华民族伟大复兴的宏伟目标继续前进。

2018年5月，习近平总书记在纪念马克思诞辰200周年大会上指出："进入新时代，中国共产党人把马克思主义基本原理同新时代中国具体实际结合起来，团结带领人民进行伟大斗争、建设伟大工程、推进伟大事业、实现伟大梦想，推动党和国家事业取得全方位、开创性历史成就，发生深层次、根本性历史变革，中华民族迎来了从富起来到强起来的伟大飞跃。"习近平总书记作出的关于中华民族迎来了从富起来到强起来的伟大飞跃的重大政治判断，有着坚强的支撑：首先，来源于党的十八大以来取得的历史性成就。习近平总书记在党的十九大上就对党的十八大到党的十九大五年间涉及改革发展稳定、内政外交国防、治党治国治军的全方位成就进行了系统的总结和概括。而从党的十八大到今天，我国的经济建设取得了更大的成就、全面深化改革取得了更大的突破、民主法制建设迈出更大的步伐、思想文化建设取得了更大的进展、人民生活不断改善、生态文明建设成效更加显著、强军兴军开创更大的局面、港澳台工作取得新进展、全方位外交布局深入开展、全面从严治党成效更加卓著。其次，来源于党的十八大以来提出的历史性举措。这些历史性举措具有深层性、根本性，主要包括：在改革发展稳定方面提出坚持全面深化改革和全面开放、坚持创新、协调、绿色、开放、共享的新发展理念，坚持在发展中保障和改善民生以及加强和创新社会治理；在国防内政外交方面提出坚持总体国家安全观、坚持走中国特色社会主义政治发展道路、构建人类命运共同体；在治党治国治军方面提出坚持全面从严治党、坚持全面推进依法治国、坚持不断开创强军兴军新局面。最后，来源于对坚持和发展中国特色社会主义的历史自信。这种历史自信不是盲目的、空想的，它既有历代中国共产党人坚持和发展中国特色社会主义的历史经验为基础，也有中共中央作出的关于"两步走"战略安排的顶层设计为支撑,同时还有习近平新时代中国特色社会主义思想所提出的"八个明确"和"十四个坚持"的行动指针为保证,以及中国共产党一以贯之的初心使命为动力。

二、理论逻辑:"四个自信"视野下的中国特色社会主义

《中共中央关于党的百年奋斗重大成就和历史经验的决议》指出:今天,我们比历史上任何时期都更接近、更有信心和能力实现中华民族伟大复兴的目标。这种自信既根植于对中国特色社会主义在理论上的清醒和彻底,也根植于对中国特色社会主义道路、理论、制度、文化的认知和把握。因此,习近平总书记指出:"实现中华民族伟大复兴,必须坚定中国特色社会主义道路自信、理论自信、制度自信、文化自信。"①

(一)中国特色社会主义道路:创造人民美好生活、实现中华民族伟大复兴的康庄大道

道路问题直接关系党和人民事业兴衰成败。坚定道路自信、坚持中国特色社会主义道路是因为中国特色社会主义道路引领中国取得了举世瞩目的成就,为推动中国发展进步开辟了广阔前景。中国特色社会主义道路是历史和人民的选择,它立足中国基本国情,体现了中国共产党人的奋斗目标,是科学社会主义理论逻辑和中国社会发展历史逻辑的辩证统一。因此,习近平总书记在党的二十大报告中强调,"中国特色社会主义是实现中华民族伟大复兴的必由之路"。

在新民主主义革命时期,中国共产党于1921年成立之后始终把为中

---

① 习近平:《在中国文联十大、中国作协九大开幕式上的讲话》,人民出版社2016年版,第6页。

国人民谋幸福、为中华民族谋复兴作为自己的初心使命，始终坚持共产主义理想和社会主义信念，团结带领全国各族人民为争取民族独立、人民解放和实现国家富强、人民幸福而不懈奋斗。1927年大革命失败后，党依靠"农村包围城市、武装夺取政权"这条符合中国实际的革命道路，以"敢教日月换新天"的英雄气概带领人民经过28年浴血奋斗，推翻了压在中国人民身上的"三座大山"，建立了人民当家作主的新中国，实现了中国从几千年封建专制政治向人民民主的伟大飞跃，创造了新民主主义革命的伟大成就，为开辟中国特色社会主义道路创造了根本社会条件。

在社会主义革命和建设时期，毛泽东同志于1953年提出了党在过渡时期的总路线，其主要内容就是"一化三改"，这是一条革命和建设并举的路线。不同于苏联进入社会主义的路线，这条道路的独创性在于通过实行公私合营等国家资本主义形式实现对资本主义工商业的和平赎买，把马克思主义经典作家的设想变为现实，通过组织生产合作社等形式实现了对农业和手工业的社会主义改造。1956年，我国基本上完成"三大改造"，确立了社会主义基本制度，实现了中华民族有史以来最为广泛而深刻的社会变革，实现了一穷二白、人口众多的东方大国大步迈进社会主义社会的伟大飞跃。1956年党的八大确定了集中力量发展社会生产力的主要任务，我国由此进入了社会主义建设时期，并逐步提出了"四个现代化"的战略目标。毛泽东同志提出要"以苏为鉴"，实现马克思主义基本原理同中国具体实际的"第二次结合"，找到中国建设社会主义的具体道路。在探索过程中，虽然经历严重曲折，但党在社会主义革命和建设中取得的独创性理论成果和巨大成就，为在新的历史时期开创中国特色社会主义提供了宝贵经验、理论准备、物质基础。进行社会主义革命和推进社会主义建设，为开辟中国特色社会主义道路奠定了根本政治前提和制度基础。

在改革开放和社会主义现代化建设新时期，以邓小平同志为主要代表的中国共产党人在党的十一届三中全会以后，明确提出走自己的路、建设中国特色社会主义，科学回答了建设中国特色社会主义的一系列基本问

第一章
中国特色社会主义的历史逻辑、理论逻辑和实践逻辑

题,制定了到二十一世纪中叶分三步走、基本实现社会主义现代化的发展战略,成功开创了中国特色社会主义。党的十二大至十七大,根据国际国内形势发展变化,从我国发展新要求出发,一以贯之对推进改革开放和社会主义现代化建设作出全面部署。改革开放和社会主义现代化建设的伟大成就举世瞩目,我国实现了从生产力相对落后的状况到经济总量跃居世界第二的历史性突破,实现了人民生活从温饱不足到总体小康、奔向全面小康的历史性跨越,推进了中华民族从站起来到富起来的伟大飞跃,成功开辟了中国特色社会主义道路。

在中国特色社会主义新时代,中国共产党团结带领全国各族人民实现了第一个百年奋斗目标,开启实现第二个百年奋斗目标新征程,朝着实现中华民族伟大复兴的宏伟目标继续前进。以习近平同志为核心的党中央团结带领全国各族人民,紧紧围绕新时代坚持和发展什么样的中国特色社会主义、怎样坚持和发展中国特色社会主义,建设什么样的社会主义现代化强国、怎样建设社会主义现代化强国,建设什么样的长期执政的马克思主义政党、怎样建设长期执政的马克思主义政党等重大时代课题,统筹国内国际两个大局,贯彻党的基本理论、基本路线、基本方略,统揽伟大斗争、伟大工程、伟大事业、伟大梦想,坚持稳中求进工作总基调,出台一系列重大方针政策,推出一系列重大举措,推进一系列重大工作,战胜一系列重大风险挑战,解决了许多长期想解决而没有解决的难题,办成了许多过去想办而没有办成的大事,推动党和国家事业取得历史性成就、发生历史性变革,为实现中华民族伟大复兴提供了更为完善的制度保证、更为坚实的物质基础、更为主动的精神力量。中国共产党和中国人民以英勇顽强的奋斗向世界庄严宣告,中华民族迎来了从站起来、富起来到强起来的伟大飞跃,不断续写中国特色社会主义道路的新时代篇章。

(二)中国特色社会主义理论:指导党和人民实现中华民族伟大复兴的正确理论

"一个民族要走在时代前列,就一刻不能没有理论思维,一刻不能没

有思想指引。"①坚定理论自信、坚持中国特色社会主义理论是因为中国特色社会主义理论是指导党和人民沿着中国特色社会主义道路不断前进，实现中华民族伟大复兴的正确理论，是立于时代前沿、与时俱进的科学理论。

在新民主主义革命时期，毛泽东同志首先提出了"马克思主义中国化"的命题，强调"马克思主义必须和我国的具体特点相结合并通过一定的民族形式才能实现"，并且对马克思主义的精髓作出了中国式的概括，即"实事求是"四字。在此基础上，中国共产党人系统回答了"什么是马克思主义、怎样对待马克思主义""中国为什么革命、中国革命怎样取得胜利"等重大时代课题，创造性运用和发展马克思列宁主义，创立毛泽东思想，实现了马克思主义中国化的第一次历史性飞跃；新中国成立后，执政的中国共产党人继续回答"什么是马克思主义、怎样对待马克思主义""什么是社会主义、怎样建设社会主义""建设什么样的党、怎样建设党""实现什么样的发展、怎样发展"等重大时代课题，先后创立形成了包括邓小平理论、"三个代表"重要思想、科学发展观在内的中国特色社会主义理论体系，实现了马克思主义中国化的第二次历史性飞跃。

党的二十大报告强调："中国共产党人深刻认识到，只有把马克思主义基本原理同中国具体实际相结合、同中华优秀传统文化相结合，坚持运用辩证唯物主义和历史唯物主义，才能正确回答时代和实践提出的重大问题，才能始终保持马克思主义的蓬勃生机和旺盛活力。"党的十八大以来，以习近平同志为核心的党中央，着眼于国内外形势新变化和实践新要求，从理论和实践的结合上深入回答了关系党和国家事业发展、党治国理政的一系列重大时代课题，以全新的视野深化对共产党执政规律、社会主义建设规律、人类社会发展规律的认识，不断进行理论探索和创新并取得重大理论创新成果，集中体现为习近平新时代中国特色社会主义思想。习近平

---

① 习近平：《在党史学习教育动员大会上的讲话》，《党建》2021年第4期。

第一章
中国特色社会主义的历史逻辑、理论逻辑和实践逻辑

新时代中国特色社会主义思想是当代中国马克思主义、二十一世纪马克思主义，是中华文化和中国精神的时代精华，实现了马克思主义中国化新的飞跃，为走好中国道路提供了科学的指导思想。党确立习近平同志党中央的核心、全党的核心地位，确立习近平新时代中国特色社会主义思想的指导地位，标志着党和国家在新时代形成了以习近平同志为核心的党中央的坚强领导，使党中央、全党、全国人民有了"掌舵人"和"主心骨"，标志着我们党和国家的各项事业都有了根本遵循，在新征程上全面建设社会主义现代化强国有了新的伟大指引，使实现中华民族伟大复兴的伟业在理论和实践上成为不可逆转的必然性历史进程。

"三次理论飞跃"是一脉相承而又与时俱进的。一脉相承，是因为它们有马克思主义基本原理这个共同的理论源头，它们有实现中华民族伟大复兴这个共同的主题，它们有坚持同中国具体实际相结合、同中华优秀传统文化相结合这个共同的特点。与时俱进，是因为"三次理论飞跃"所形成的毛泽东思想、中国特色社会主义理论体系、习近平新时代中国特色社会主义思想，研究和回答了各个时期的时代性课题，取得了新的理论创新成果，为中国革命、建设、改革各个时期的实践提供了新的行动指南。中国共产党不断丰富和发展马克思主义理论，形成了具有中国特色、中国元素、中国风格、中国气派的马克思主义中国化理论成果。尤其是习近平新时代中国特色社会主义思想凝结了中国共产党人不懈探索的实践智慧和心血，是党在新时代治国理政的思想指南与精神财富。

（三）中国特色社会主义制度：当代中国发展进步的根本制度保障

"真正实现社会和谐稳定、国家长治久安，还是要靠制度。"[①] 坚定制度自信、坚持中国特色社会主义制度是因为中国特色社会主义制度是具

---

① 《习近平谈治国理政》，外文出版社2014年版，第91页。

有鲜明中国特色、明显制度优势、强大自我完善能力的先进制度，是当代中国发展进步的根本制度保障。

就中国特色社会主义制度的战略定位而言，实现中华民族伟大复兴，必须以先进制度为保障。制度属于上层建筑的范畴，一个国家的制度决定于这个国家的经济基础，同时又反作用于这个国家的经济基础。中国特色社会主义制度是以根本制度、基本制度、重要制度为"四梁八柱"的有机整体，是"以马克思主义为指导、植根中国大地、具有深厚中华文化根基、深得人民拥护的制度和治理体系"，是中国式现代化道路的制度支撑，是"人类文明新形态"的制度表现，相较于西方资本主义制度和苏联等社会主义国家的制度而言呈现出显著原创价值。我们党立志于中华民族千秋伟业，不仅要保持中国特色社会主义制度和国家治理体系的稳定性和延续性，而且要不断增强其发展性和创新性，推动中国特色社会主义制度更加成熟更加定型，为确保中国特色社会主义事业长盛不衰、实现中华民族伟大复兴提供牢靠而持久的制度保证。实现中华民族伟大复兴的中国梦，必须坚持和完善中国特色社会主义制度，把我国制度优势更好转化为国家治理效能。

就中国特色社会主义制度的历史渊源而言，它是中国共产党和中国人民的伟大创造，中国特色社会主义制度的产生、发展和完善来源于中国共产党人对国家制度建设与国家治理现代化问题的思索和探究。改革开放以来，我们党以全新角度思考国家治理问题，强调制度的全局性、稳定性和长期性，始终把制度建设摆在重要位置，将深化改革与推进制度创新有机结合，让改革成果制度化。1992年，邓小平同志指出，"恐怕再有三十年的时间，我们才会在各方面形成一整套更加成熟、更加定型的制度"[①]。同年召开的党的十四大明确提出，"在九十年代，我们要初步建立起新的经济体制，实现达到小康水平的第二步发展目标。再经过二十年的努力，

[①] 《邓小平文选》第三卷，人民出版社1993年版，第372页。

第一章
中国特色社会主义的历史逻辑、理论逻辑和实践逻辑

到建党一百周年的时候,我们将在各方面形成一整套更加成熟更加定型的制度"①。党的十五大、十六大、十七大都对制度建设提出明确要求。而随着实践的不断发展,我们党对中国特色社会主义制度的认识进一步深化。党的十八大以来,以习近平同志为核心的党中央把制度建设摆到更加突出的位置,深刻认识到中国特色社会主义制度优势需要转化为国家治理效能,通过国家治理效能来彰显。国家治理体系和治理能力是一个国家的制度和制度执行能力的集中体现。党的十八届三中全会首次提出"推进国家治理体系和治理能力现代化"这个重大命题,并强调"全面深化改革的总目标是完善和发展中国特色社会主义制度,推进国家治理体系和治理能力现代化"。2019 年,党的十九届四中全会系统深入地研究了坚持和完善中国特色社会主义制度、推进国家治理体系和治理能力现代化问题,提出与时俱进完善和发展的前进方向和工作要求。

就中国特色社会主义制度的时代价值而言,主要体现在两个方面:一方面,其是当代中国发展进步的根本保障。中国特色社会主义制度是党和人民在长期实践探索中形成的科学制度体系,既坚持了社会主义的根本性质,又借鉴了古今中外制度建设的有益成果,符合我国国情,集中体现了中国特色社会主义的特点和优势,为我国政治稳定、经济发展、文化繁荣、民族团结、人民幸福、社会安宁、国家统一提供了有力保障。另一方面,中国特色社会主义制度丰富了人类制度文明模式。习近平总书记指出,"中国特色社会主义国家制度和法律制度是在长期实践探索中形成的,是人类制度文明史上的伟大创造"②。中国特色社会主义制度是以马克思主义为指导、植根中国大地、具有深厚中华文化根基、深得人民拥护的制度,既立足于我国社会发展的具体条件和特点,也为人类探索建设更好社会制度贡献了中国智慧和中国方案。

---

① 《中国共产党第十四次全国代表大会文件汇编》,人民出版社 1992 年版,第 55 页。
② 习近平:《论坚持全面依法治国》,中央文献出版社 2020 年版,第 262 页。

（四）中国特色社会主义文化：激励全党全国各族人民奋勇前进的精神力量

文化是一个国家、一个民族的灵魂。坚定文化自信、坚持中国特色社会主义文化是因为中国特色社会主义文化以中华优秀传统文化为根基，以马克思主义为指导，以社会主义核心价值观为灵魂，以社会主义先进文化为主题内容和本质特征，是提升中国自信、实现"两个一百年"奋斗目标的根本精神动力，也是增强实现中华民族伟大复兴的精神力量。

中华优秀传统文化是中国特色社会主义文化的历史根源。中华文化蕴含的丰富而独特的中国精神是近代以来中国人民在精神上由被动转向主动的文化源泉。对于5000余年中华文明所积累的优秀文化与精神的历史遗产，1938年毛泽东同志在党的六届六中全会上指出："今天的中国是历史的中国的一个发展；我们是马克思主义的历史主义者，我们不应当割断历史。从孔夫子到孙中山，我们应当给以总结，承继这一份珍贵的遗产。"习近平总书记也指出："中华民族有着五千多年的文明史，我们要敬仰中华优秀传统文化，坚定文化自信。要善于从中华优秀传统文化中汲取治国理政的理念和思维，广泛借鉴世界一切优秀文明成果，不能封闭僵化，更不能一切以外国的东西为圭臬。"① 在夺取新民主主义革命胜利、完成社会主义革命和推进社会主义建设、进行改革开放和社会主义现代化建设、开创中国特色社会主义新时代的伟大社会革命中，中国共产党不断提高继承和弘扬中华优秀传统文化的历史自觉，并推动思想认识不断深化。

马克思主义是中国特色社会主义文化坚实的理论底色。一方面，马克思主义夯实了中国特色社会主义的文化根基。近代以来，在中国共产党的

---

① 《深入贯彻新发展理念主动融入新发展格局　在新的征程上奋力谱写四川发展新篇章》，《人民日报》2022年6月10日。

第一章
中国特色社会主义的历史逻辑、理论逻辑和实践逻辑

领导下,中华民族一直运用先进文化引领中国前进的方向,也在发展先进文化中增强自信,100多年来,中华民族正是凭借着对以马克思主义为指导的先进文化的高度自信,独立自主地探索中国革命、建设、改革的道路,开创了中国特色社会主义,也正是在承继中华民族的精神命脉和文化基因过程中,不断夯实中国特色社会主义的文化根基,构筑中国特色社会主义的精神家园,从而使中国特色社会主义展现了生机和活力,丰富了实践特色、理论特色、民族特色、时代特色,在世界社会主义运动中站稳了脚跟。另一方面,马克思主义与中国特色社会主义文化的耦合,可以相互作用,促进彼此的继承和发展。马克思主义同中国特色社会主义文化相结合,使马克思主义更加具有中国特色、中国作风、中国气派,使中国特色社会主义文化更加具有新的时代特征、时代精神、时代内涵。同时,用马克思主义的真理力量激活中华文明、把马克思主义同中国特色社会主义文化相结合是坚定文化自信、推进马克思主义中国化、坚持和发展中国特色社会主义的必然选择。

社会主义核心价值观是中国特色社会主义文化的灵魂。社会主义核心价值观作为当代中国精神的集中体现,高度凝聚了广大人民群众的精神意志和价值共识。习近平总书记强调,培育和践行社会主义核心价值观,必须"深入挖掘和阐发中华优秀传统文化讲仁爱、重民本、守诚信、崇正义、尚和合、求大同的时代价值,使中华优秀传统文化成为涵养社会主义核心价值观的重要源泉"①。在引领党和人民创造新时代中国特色社会主义伟大成就的过程中,以习近平同志为核心的党中央立足新时代社会主义文化强国建设的现实需求,不断推进中华优秀传统文化创造性转化和创新性发展,持续汲取中华文化和中国精神的有益元素和价值营养,赋予社会主义核心价值观以特有的文化感染力和精神感召力,使中华文化和中国精神在新时代不断焕发新的生机和活力,使中华文明在新时代迸发出强大的

---

① 《习近平谈治国理政》,外文出版社 2014 年版,第 164 页。

精神力量。

革命文化与社会主义先进文化是中国特色社会主义文化的重要基础和鲜明主题。革命文化在改变民族命运中重新激发了中国特色社会主义文化。在寻求民族独立的探索历程中，中国共产党以马克思主义理论激活中华优秀传统文化，吸收人类文化优秀成果，在革命实践中生成革命文化，唤醒了中国人民的爱国热情与奋斗精神，引领中华民族重新站起来。社会主义先进文化是中国特色社会主义文化的现实来源。社会主义先进文化根植于社会主义现代化实践，是中华优秀传统文化的当代继承与革命文化的当代发展。革命文化和社会主义先进文化是在长期艰苦奋斗中不断淬炼的文化精华，红船精神、长征精神、延安精神、雷锋精神、"两弹一星"精神、抗洪精神、抗震救灾精神、抗疫精神……这些宝贵精神财富，是推动革命、建设、改革事业从胜利走向胜利的强大精神动力①。

三、实践逻辑：新时代接续推进中国特色社会主义伟大事业

中国特色社会主义是历代中国共产党人团结带领全国各族人民苦苦探索、创立、坚持和发展而来的。而中国特色社会主义事业作为前无古人的开创性事业，前进的道路不可能一帆风顺，需要一代又一代中国共产党人带领人民接续奋斗。在中国特色社会主义新时代坚持和发展中国特色社会主义伟大事业尤其需要理清头绪、找准方向和抓住本质。

（一）中国特色社会主义是历经"五个得来"的复兴之路

新时代接续推进中国特色社会主义伟大事业首先要从中国特色社会主

---

① 中共中央宣传部：《习近平新时代中国特色社会主义思想学习问答》，学习出版社、人民出版社2021年版，第67—68页。

第一章
中国特色社会主义的历史逻辑、理论逻辑和实践逻辑

义的"五个得来"中,理清坚持和发展的头绪。2018年1月,习近平总书记在学习贯彻党的十九大精神研讨班开班式上指出:"中国特色社会主义不是从天上掉下来的,而是在改革开放40年的伟大实践中得来的,是在中华人民共和国成立近70年的持续探索中得来的,是在我们党领导人民进行伟大社会革命97年的实践中得来的,是在近代以来中华民族由衰到盛170多年的历史进程中得来的,是对中华文明5000多年的传承发展中得来的。"这一重大政治判断既指出了中国特色社会主义玉汝于成的艰辛,也点明了坚持和发展中国特色社会主义要正确处理关于文明、历史、路径、精神和战略的问题。

1. 中国特色社会主义是对中华文明5000多年的传承发展中得来的

这里的关键词是"传承发展",强调的主题是对中华文明的赓续和传承。5000多年的中华文明代表着中华民族独特的精神标识,积淀着中华民族最深沉的精神追求,是中华民族生生不息、发展壮大的丰厚滋养。习近平总书记指出:"数千年来,中华民族走着一条不同于其他国家和民族的文明发展道路。我们开辟了中国特色社会主义道路不是偶然的,是我国历史传承和文化传统决定的。"① 因此,新时代接续推进中国特色社会主义伟大事业一定要传承和发展好中华文明,更好构筑中国精神、中国价值、中国力量。中华文明的赓续和传承一方面要坚持以马克思主义为指导,要用马克思主义的世界观和方法论,坚持古为今用、洋为中用、辩证取舍,依据时代发展的要求,做好对中华文明、中华传统文化的批判式继承的工作。另一方面,要坚持推动中华优秀传统文化创造性转化、创新性发展,按照时代特点和实践要求对那些至今仍有借鉴价值的内涵和陈旧的形式加以改造,赋予其新的时代内涵和现代表达形式,激活其生命力;按照时代的新进步新进展,对中华优秀传统文化的内涵加以补充、拓展、完善,增强其影响力和感召力。

---

① 习近平:《论党的宣传思想工作》,中央文献出版社2020年版,第90页。

2. 中国特色社会主义是在近代以来中华民族由衰到盛 180 多年的历史进程中得来的

这里的关键词是"历史进程",强调的主题是对近现代历史的解读和学习。以史为鉴,可以知兴替。2021 年 7 月,习近平总书记在庆祝中国共产党成立 100 周年大会上强调,我们要用历史映照现实、远观未来,从中国共产党的百年奋斗中看清楚过去我们为什么能够成功、弄明白未来我们怎样才能继续成功,从而在新的征程上更加坚定、更加自觉地牢记初心使命、开创美好未来。因此,新时代接续推进中国特色社会主义伟大事业一定要解读和学习好历史,更好地让历史发声、指导现实实践。解读和学习近现代历史首先要以史明志,更好地传承历史基因、赓续历史血脉,坚持党的领导、坚持和发展中国特色社会主义、坚持马克思主义指导、坚定理想信念,更好地坚持和推进实现中华民族伟大复兴的伟大事业;其次要以史为师,更好地观照现实、学习经验、指导实践,要通过对历史的解读和学习,挖掘出民族、国家、社会、政党现实发展中的问题,进而有针对性地学习历史经验,从而更好地指导社会实践;最后要以史为鉴,开创未来,更好地汲取历史营养、培育时代新人,要在学习党史、解读党史、剖析自我,学习党史……在如此循环往复的深度理性学习过程中不断矫正自我、提高自我、完善自我。

3. 中国特色社会主义是在我们党领导人民进行伟大社会革命 100 年的实践中得来的

这里的关键词是"社会革命",强调的主题是对实践路径的坚持和推进。中国共产党百年的历史实践和新中国成立以来中国特色社会主义所取得的历史成就表明:新时代中国特色社会主义是我们党领导人民进行伟大社会革命的成果,也是我们党领导人民进行伟大社会革命的继续,必须一以贯之进行下去。因此,新时代接续推进中国特色社会主义伟大事业一定要坚持和推进社会革命,更好地坚持党领导人民探索出来的实践路径。实践路径的坚持和推进,应注意从以下方面着手:首先,要厘清社会革命的

第一章
中国特色社会主义的历史逻辑、理论逻辑和实践逻辑

实践指向。"社会革命"指的是坚持和发展中国特色社会主义。其次,要明晰社会革命的逻辑脉络。从历史的维度来说,自我革命统一于党的历史中,是历代中国共产党人探索实践而来;从理论的维度来说,社会革命是马克思主义政党的历史任务;从实践的维度来说,坚持和发展中国特色社会主义是经过检验、科学有效地实现中华民族伟大复兴的实践路径。最后,要抓住坚持和推进社会革命的本质问题,即要在把握自我革命和社会革命之间关系的基础上,推动两者的结合和统一。一方面,要以自我革命推动、引领社会革命,为社会革命提供"把方向、管大局、保落实"的政治保证;另一方面,要让社会革命反作用于自我革命,为自我革命创造良好的外部环境。

4. 中国特色社会主义是在中华人民共和国成立 70 多年的持续探索中得来的

这里的关键词是"持续探索",强调的主题是对探索精神的继承和发扬。走自己的路,是中国共产党百年奋斗得出的历史结论。100 多年来,中国共产党团结带领人民历经艰难曲折、不断探索,形成了中国特色社会主义道路,创造了中国式现代化新道路,成功开辟了中国特色社会主义。艰难探索背后蕴含着勇于探索、持续探索,敢于创新、不断创新的成功精神密码。习近平总书记强调:"实践发展永无止境,认识真理、进行理论创新也永无止境。"[1] 因此,新时代接续推进中国特色社会主义伟大事业一定要继承和发扬探索精神,更好坚持好党领导人民开辟中国特色社会主义的探索精神。探索精神的坚持和发扬,要在理论上、实践上勇于探索、持续探索,敢于创新、不断创新。党的十一届三中全会之后,以邓小平同志为代表的中国共产党人在理论上突破了社会主义本质和市场经济的阐释,解放和发展了生产力,搞活了中国特色社会主义。中国特色社会主义进入新时代的今天,也必须依据时代的发展要求的特征赋予今天的理论和

---

① 习近平:《在纪念万里同志诞辰 100 周年座谈会上的讲话》,《人民日报》2016 年 12 月 6 日。

实践工作新的时代底色。

5. 中国特色社会主义是在改革开放 40 多年的伟大实践中得来的

这里的关键词是"改革开放",强调的主题是对重大战略的坚守和开拓。中国特色社会主义是在我国改革开放 40 余年的实践中开辟、形成和发展的。习近平总书记指出:"改革开放是党和人民大踏步赶上时代的重要法宝,是坚持和发展中国特色社会主义的必由之路,是决定当代中国命运的关键一招,也是决定实现'两个一百年'奋斗目标、实现中华民族伟大复兴的关键一招。"① 因此,新时代接续推进中国特色社会主义伟大事业一定要坚守和开拓改革开放重大战略的新局面。改革开放重大战略新局面的坚守和开拓,一方面要继续坚持社会主义的正确方向,继续沿着中国特色社会主义的正确道路前进,继续坚守人民立场,进一步解放思想、解放和发展社会生产力、解放和增强社会活力,不断谱写全面深化改革的新篇章;另一方面,要在领导和力量上坚持加强党的领导和尊重人民首创精神相结合,在探索和部署上坚持"摸着石头过河"和顶层设计相贯通,在解决问题上坚持问题导向和目标导向相统一,在方法和经验上坚持试点先行和全面推进相促进,进而不断开拓全面深化改革开放的新局面。

(二) 中国特色社会主义是改革开放以来党的全部理论和实践的主题

新时代接续推进中国特色社会主义伟大事业最关键的是要从党的理论和实践活动的经验和成果中,找准和坚定正确方向。2017 年 7 月,习近平总书记在省部级主要领导干部"学习习近平总书记重要讲话精神,迎接党的十九大"专题研讨班开班式上深刻指出:"中国特色社会主义是改革开放以来党的全部理论和实践的主题,全党必须高举中国特色社会主义伟大旗帜,牢固树立中国特色社会主义道路自信、理论自信、制度自信、文化

---

① 习近平:《在庆祝改革开放 40 周年大会上的讲话》,《人民日报》2018 年 12 月 19 日。

第一章
中国特色社会主义的历史逻辑、理论逻辑和实践逻辑

自信,确保党和国家事业始终沿着正确方向胜利前进。"这一重大政治判断既点明了中国特色社会主义是党和国家事业发展的正确方向,也提出了不能走改旗易帜的邪路和封闭僵化的老路,要沿着坚持和发展中国特色社会主义的正确道路不断前行的要求。

1. 坚持和发展中国特色社会主义必须做到"十个明确"

党的十九届六中全会在总结坚持和发展中国特色社会主义经验的基础上,总结出新时代坚持和发展中国特色社会主义的"十个明确",它是新时代坚持和发展中国特色社会主义的行动指南。因此,新时代坚持和发展中国特色社会主义首先要做到"十个明确"。

这"十个明确"科学阐述了新时代坚持和发展中国特色社会主义一系列基本问题,为党和人民更好地坚持和发展中国特色社会主义提供了思想指引。第一,明确了新时代坚持和发展中国特色社会主义的政治保证是中国共产党的领导;第二,明确了新时代坚持和发展中国特色社会主义的总任务是实现社会主义现代化和中华民族伟大复兴,建成社会主义现代化强国;第三,明确了新时代坚持和发展中国特色社会主义的根本着力点是着力解决人民日益增长的美好生活需要和不平衡不充分的发展之间的社会矛盾;第四,明确了新时代坚持和发展中国特色社会主义的总体布局是"五位一体"、战略布局是"四个全面";第五,明确了新时代坚持和发展中国特色社会主义的新要求是完善和发展中国特色社会主义制度、推进国家治理体系和治理能力现代化;第六,明确了新时代坚持和发展中国特色社会主义的法治保障是建设社会主义法治体系、建设社会主义法治国家;第七,明确了坚持和发展中国特色社会主义的经济发展要求是必须坚持和完善社会主义基本经济制度,使市场在资源配置中起决定性作用,更好发挥政府作用,把握新发展理念,加快构建以国内大循环为主体、国内国际双循环相互促进的新发展格局;第八,明确了新时代坚持和发展中国特色社会主义的战略支撑是全面推进国防和军队现代化、坚持走中国特色强军之路,建设世界一流军队;第九,明确了新时代坚持和发展中国特色社会主

义的外交目标是推动构建以合作共赢为核心的新型国际关系,推动构建人类命运共同体;第十,明确了坚持和发展中国特色社会主义过程中加强党的建设的时代要求是坚持全面从严治党的战略方针,贯彻新时代党的建设总要求,以伟大自我革命引领伟大社会革命。

2. 坚持和发展中国特色社会主义必须做到"十四个坚持"

"十四个坚持"从新时代中国特色社会主义的实践要求出发,构成了坚持和发展中国特色社会主义的基本方略,深刻回答了新时代"怎样坚持和发展中国特色社会主义"的实践课题,是"八个明确"思想主张在实践中的具体体现,与"八个明确"构成了新时代坚持和发展中国特色社会主义的核心要义。

"十四个坚持"对改革发展稳定、国防内政外交、治党治国治军等方面作出顶层设计,明确了新时代各项事业发展的大政方针,是新时代坚持和发展中国特色社会主义、实现中华民族伟大复兴的"路线图"。首先,"十四个坚持"回答了在新时代坚持和发展中国特色社会主义实践中的"由谁来领导"的问题,明确提出要坚持党对一切工作的领导、坚持全面从严治党、坚持党对人民军队的绝对领导。其次,"十四个坚持"明确了在新时代坚持和发展中国特色社会主义实践中的"为了谁、依靠谁"的问题,明确提出要坚持以人民为中心、坚持在发展中保障和改善民生。再次,"十四个坚持"回应了在新时代坚持和发展中国特色社会主义实践中的"如何推进发展"的问题,明确提出要坚持全面深化改革、坚持新发展理念、坚持人与自然和谐共生。最后,"十四个坚持"指明了新时代坚持和发展中国特色社会主义实践中的"如何提供有效保障"的问题,明确提出要坚持社会主义核心价值体系、坚持全面依法治国、坚持总体国家安全观、坚持推动构建人类命运共同体、坚持"一国两制"和推进祖国统一。

(三)中国共产党领导是中国特色社会主义最本质特征和最大制度优势

新时代要接续好、推进好中国特色社会主义伟大事业最根本的是要从

第一章
中国特色社会主义的历史逻辑、理论逻辑和实践逻辑

中国特色社会主义的本质特征和制度优势上,抓住领导力量这一根本问题。党的二十大报告明确指出:"党内存在不少对坚持党的领导认识模糊、行动乏力问题,存在不少落实党的领导弱化、虚化、淡化问题,有些党员、干部政治信仰发生动摇,一些地方和部门形式主义、官僚主义、享乐主义和奢靡之风屡禁不止,特权思想和特权现象较为严重,一些贪腐问题触目惊心"。这一重大政治判断即点明了坚持和加强党的领导的紧迫性和必要性。

1. 深刻领悟党的领导是全面的、系统的、整体的

党政军民学,东西南北中,党是领导一切的。党的二十大强调,党的领导是全面的、系统的、整体的,必须全面、系统、整体加以落实。这就要求在新时代坚持和加强党的领导。首先,必须发挥党总揽全局、协调各方的领导核心作用。党的领导核心作用的发挥要体现在对人大、政府、政协、监委、法院、检察院、军队,各民主党派和无党派人士,各企事业单位,工会、共青团、妇联等群团组织的领导上。其次,坚持和加强党的全面领导,不是空洞的、抽象的,而是实际的、具体的。党的领导必须体现到经济建设、政治建设、文化建设、社会建设、生态文明建设和国防军队、祖国统一、外交工作、党的建设等各方面。哪个领域、哪个方面、哪个环节缺失了弱化了,都会削弱党的力量,损害党和国家事业。最后,坚持和加强党的全面领导必须全面、系统、整体加以落实。这就要求我们在具体的实践工作中,必须将坚持党的领导落实到每一个党员、每一个党组织、每一级别组织架构的思想、意志、行动中。任何一个个体、组织出现虚化弱化的问题,都无法保证党的领导的全面性、系统性、整体性。

2. 坚持党中央集中统一领导是最高政治原则

坚持党的领导,首先必须坚持党中央的集中统一领导。党和国家大政方针的决定权在党中央,必须以实际行动维护党中央一锤定音、定于一尊的权威,必须服从党中央集中统一领导。坚持和加强党中央集中统一领导是最高政治原则,加强和维护党中央集中统一领导是全党的共同的政治责

任，任何时候任何情况下都不能含糊、不能动摇。坚持党中央权威和集中统一领导是方向性、原则性问题，是党性，是大局，关系党、民族、国家前途命运。坚持党中央权威和集中统一领导，主要体现在两方面：一方面，必须有一个众望所归的领袖、坚强的领导核心。对于我们这样一个有着14亿多人口的大国和有着9800多万名党员的大党，没有党中央的核心、全党的核心，就没有党中央权威和集中统一领导。坚决维护党中央权威和集中统一领导，最关键的是坚决维护习近平总书记党中央的核心、全党的核心地位。另一方面，维护党中央权威和集中统一领导，同坚持民主集中制是完全一致的。民主集中制是我们党的根本组织原则和领导制度，是马克思主义政党区别于其他政党的重要标志。我们党实行民主集中制重点在于达成又有集中又有民主，又有纪律又有自由，又有统一意志又有个人心情舒畅生动活泼的政治局面。

3. 坚持和完善党的领导制度体系

习近平总书记指出："党的领导制度在中国特色社会主义制度体系中居于统领地位。中国特色社会主义制度的优势能不能发挥好，关键在党的领导制度能不能执行好。"① 制度问题更带有根本性、全局性、稳定性和长期性。因此，坚持和加强党的领导，一方面，必须坚持和完善党的领导制度体系。要建立不忘初心、牢记使命的制度，完善坚定维护党中央权威和集中统一领导的各项制度，健全党的全面领导的制度，健全为人民执政、靠人民执政各项制度，健全提高党的执政能力和领导水平制度，完善全面从严治党制度。另一方面，要自觉贯彻党总揽全局、协调各方的根本要求，不断推动党对社会主义现代化建设的领导在职能配置上更加优化、在体制机制上更加完善、在运行管理上更加高效。这就要求：一是健全党中央对重大工作的领导体制；二是深化党和国家机构改革；三是严格执行

---

① 《习近平在十九届中央纪委四次全会上发表重要讲话强调 一以贯之全面从严治党强化对权力运行的制约和监督 为决胜全面建成小康社会决战脱贫攻坚提供坚强保障》，《当代党员》2020年第3期。

请示报告制度。

4. 坚决做到"两个维护"

坚决维护习近平总书记党中央的核心、全党的核心地位，坚决维护党中央权威和集中统一领导，是党的十八大以来我们党的重大政治成果和宝贵经验，是最根本的政治纪律和政治规矩，是检验党员、干部理想信念、政治立场、党性修养和能力作风的试金石。这就要求，首先要深刻领会"两个维护"的内涵。维护习近平总书记核心地位，对象是习近平总书记，而不是其他任何人；维护党中央权威和集中统一领导，对象是党中央，而不是其他任何组织。维护习近平总书记核心地位，就是维护党中央权威和集中统一领导；维护党中央权威和集中统一领导，首先要维护习近平总书记核心地位。要深刻认识"两个维护"的政治内涵，核心只有党中央的核心，看齐只能向党中央看齐，不能层层讲"核心"，层层喊"看齐"。其次，必须坚持对党忠诚。这是党章对党员的基本要求。对党忠诚，必须纯粹，不能做"两面人"，不搞"伪忠诚"；必须体现到对党的信仰的忠诚上，必须体现到对党组织的忠诚上，必须体现到对党的理论和路线方针政策的忠诚上。最后，既要体现高度的理性认同、情感认同，又要有坚决的维护定力和能力。要不断提高广大党员干部的政治判断力、政治领悟力、政治执行力。

第二章 以中国式现代化全面推进中华民族伟大复兴

党的二十大报告指出："从现在起，中国共产党的中心任务就是团结带领全国各族人民全面建成社会主义现代化强国、实现第二个百年奋斗目标，以中国式现代化全面推进中华民族伟大复兴。"这是我们党牢记初心使命、坚持和发展中国特色社会主义的政治宣言。2023年2月，习近平总书记在学习贯彻党的二十大精神研讨班开班式上强调："一个国家走向现代化，既要遵循现代化一般规律，更要符合本国实际，具有本国特色。中国式现代化既有各国现代化的共同特征，更有基于自己国情的鲜明特色。"

习近平总书记关于中国式现代化的相关论述既是理论概括，也是实践要求，为全面建成社会主义现代化国家、实现中华民族伟大复兴指明了一条康庄大道。同时，也为我们的行动指出了系统性新理念、新思想、新战略、新形态，充分代表了我们党在实践与理论两大领域的创新果实，对社会主义现代化建设规律形成具体认知，意味着我党于艰苦卓绝的行动中摸索出一条全新的现代化道路，给中华民族乃至整个人类社会的未来发展提供了新的选择。

一、以中国式现代化推进中华民族伟大复兴的重大意义

翻开中国近现代史和党的发展史，一条鲜明主线就是历史和人民选择党领导人民实现中华民族伟大复兴的历史进程。党的二十大报告指出："在新中国成立特别是改革开放以来长期探索和实践基础上，经过十八大

以来在理论和实践上的创新突破，我们党成功推进和拓展了中国式现代化。"中国式现代化的根本是中国式现代化道路，以中国式现代化推进中华民族伟大复兴，最重要的就是走中国式现代化实现中华民族伟大复兴。"党领导人民成功走出中国式现代化道路，创造了人类文明新形态"[①]，指明了中国式现代化道路是创造人类文明新形态、是实现中华民族伟大复兴的必由之路。以中国式现代化推进中华民族伟大复兴，是党的百年奋斗的伟大实践，是新时代中国特色社会主义的理论自觉和实践自觉。

（一）实现了马克思主义中国化时代化新的飞跃

改革开放以来，我国对世界现代化进程的成就和经验以及代价和难题有了全面的理解。中国式现代化有中国共产党领导和中国特色社会主义制度的政治优势，以及马克思主义中国化的理论优势。我们成功走出了中国式现代化道路，创造了人类文明新形态。这些前无古人的创举，破解了人类社会发展的诸多难题，摒弃了西方以资本为中心的现代化、两极分化的现代化、物质主义膨胀的现代化、对外扩张掠夺的现代化老路。新时代是实现"两个一百年"奋斗目标、实现中华民族伟大复兴中国梦的时代，这就将建设社会主义现代化强国和实现中华民族伟大复兴统一起来，将伟大梦想和伟大进军统一起来，将民族复兴和人类事业统一起来，马克思主义中国化时代化新的飞跃站在了新的时代高度。习近平总书记强调中国式现代化的重要特征，准确把握了中国式现代化的基本原则和道路基础，马克思主义中国化时代化新的飞跃有了鲜明的时代内涵。强调协调推进以全面建设社会主义现代化国家为战略目标的四个全面战略布局，这就确立了中国式现代化的建设路径，马克思主义中国化时代化新的飞跃有了新时代的实践特色。强调"推动物质文明、政治文明、精神文明、社会文明、生态

[①] 《中共中央关于党的百年奋斗重大成就和历史经验的决议》，人民出版社2021年版，第64页。

文明协调发展，创造了中国式现代化，创造了人类文明新形态"①，这就将中国式现代与人类文明新形态紧密联系起来，马克思主义中国化时代化新的飞跃彰显了科学社会主义在新时代的文明形态。强调从全面建成小康社会到基本实现现代化、再到全面建成社会主义现代化强国的战略安排，这就将建设社会主义现代化国家的战略宏图描绘得更加具体精准、制定得更为科学可行，马克思主义中国化时代化新的飞跃有了继续展开的空间。

（二）中华民族强起来伟大飞跃的基本遵循

中国特色社会主义进入新时代，中华民族迎来了从站起来、富起来到强起来的伟大飞跃。这一伟大飞跃，正处于过渡阶段，需要经历从"迎来了"到"实现了"的奋斗过程，以中国式现代化推进中华民族伟大复兴，则是实现这一伟大飞跃的基本遵循。

以中国式现代化推进中华民族伟大复兴，成为强起来伟大飞跃的基本遵循，主要体现为：中国式现代化是强起来伟大飞跃的基本途径，唯有走中国式现代化道路才能实现中华民族强起来的伟大飞跃；中国式现代化是强起来伟大飞跃的基本动力，建设社会主义现代化强国是全体中华儿女为创造美好生活勠力同心、共同奋斗的强大凝聚力；中国式现代化是强起来伟大飞跃的基本支撑，全面现代化是强起来的基础，也是伟大飞跃的跑道；中国式现代化是强起来伟大飞跃的基本标志，建设文化、教育、人才、体育、科技、制造、质量等强国、网络强国、交通强国、贸易强国等，既是现代化中国的奋斗目标，也是强大中国的重要内容。

（三）发展中国家走向现代化的中国方案

成功找到中国式现代化道路，既开创了中国现代化的正确道路，而且对于广大发展中国家来说，也具有借鉴作用。中国式现代化道路既是社

---

① 《习近平谈治国理政》第四卷，外文出版社2022年版，第10页。

主义现代化道路,也是发展中国家现代化道路,"拓展了发展中国家走向现代化的途径,给世界上那些既希望加快发展又希望保持自身独立性的国家和民族提供了全新选择"①。发展中国家在走向现代化的路途上,并不是只有西化的唯一道路可供效法,并不是在西方霸权面前只有牺牲主权才能换取现代化这个唯一选择。

中国式现代化道路为经济文化落后国家提供了走向现代化的新途径新选择。现代化始于西方、成于西方,由于历史原因,广大发展中国家现代化的起步晚于西方数百年,在现代化的坐标面前处于落后状态。中国式现代化道路展示了怎样通过社会革命、制度改革来推动经济变革、技术创新,从而尽快摆脱落后面貌,实现弯道超车、后来居上。中国式现代化道路提供了人口规模超大国家走向现代化的新途径新选择。目前在世界1亿以上人口的国家中,发展中国家占绝大多数,现代化国家只是个别的。中国作为世界人口第一大国,正在努力将为发展中国家特别是人口大国提供一个如何提高人口质量、发挥人口优势、运用人口资源的中国样本。中国式现代化道路提供了面对西方霸权主义和垄断资本集团压力走向现代化的新途径新选择。中国式现代化始终坚持自强不息、自主创新,不依附别人,不沦为他人的附庸,在霸权主义、强权政治面前不屈服、不退缩,扩大国家的发展权利和发展空间,同时争取更多的国际支持。

(四) 社会主义实现伟大复兴的时代证明

党的百年奋斗历史意义的一个重要方面,就是"使马克思主义以崭新形象展现在世界上,使世界范围内社会主义和资本主义两种意识形态、两种社会制度的历史演进及其较量发生了有利于社会主义的重大转变"②。推进中华民族伟大复兴和社会主义伟大复兴,是新时代中国共产党的重大

---

① 习近平:《论坚持全面深化改革》,中央文献出版社2018年版,第354页。
② 《中共中央关于党的百年奋斗重大成就和历史经验的决议》,人民出版社2021年版,第63—64页。

使命，全面建成社会主义现代化强国则是这"两大复兴"的坚实基础和时代证明。

社会主义和资本主义两种意识形态的较量，从马克思主义诞生之日起就始终存在并且激烈进行着。中国式现代化取得成功，全体人民共享社会主义现代化成果，就会在世界上大大增强社会主义意识形态的感召力和吸引力。两种社会制度的历史演进及其较量，是在不同社会制度下国家发展的快慢、高低、好坏等状况中展开的。社会主义现代化建设，是社会主义制度下国家发展的主要任务，现代化建设的成效也是社会主义制度的先进性和优越性的有力证明。中国式现代化推进中华民族伟大复兴的步伐越快、成果越大、效果越好，就越有利于社会主义制度的影响力增强、说服力加大，就越能让科学社会主义的旗帜在21世纪高高飘扬。

二、以中国式现代化推进中华民族伟大复兴的理论底蕴

2023年2月，习近平总书记在学习贯彻党的二十大精神研讨班开班式上指出："党的十八大以来，我们党在已有基础上继续前进，不断实现理论和实践上的创新突破，成功推进和拓展了中国式现代化。我们在认识上不断深化，创立了新时代中国特色社会主义思想，实现了马克思主义中国化时代化新的飞跃，为中国式现代化提供了根本遵循。我们进一步深化对中国式现代化的内涵和本质的认识，概括形成中国式现代化的中国特色、本质要求和重大原则，初步构建中国式现代化的理论体系，使中国式现代化更加清晰、更加科学、更加可感可行。"习近平总书记的讲话高屋建瓴、总揽全局，为我们在新时代的条件下以中国式现代化推进中华民族伟大复兴奠定了理论基础。因此，把握中国式现代化的理论底蕴就要求我们必须结合习近平总书记的相关论述，对中国式现代化的丰富内涵和本质要求作出全面而又深入的理解。

（一）中国式现代化的丰富内涵

在中国共产党的领导下，中国创造了举世瞩目的发展奇迹，用几十年时间走完了发达国家几百年走过的工业化历程。中国式现代化的成功实践表明，世界上不存在"放之四海皆准"的现代化尺度，西方选择的道路不是唯一选项，我国摸索并践行得出的经验给其他发展中国家的现代化提供了新思路，也给更多想要维护独立性的国家、民族带来了新希望。党的十八大以来，习近平总书记站在党和国家发展全局的高度，深刻归纳我们党探索社会主义现代化道路的历史经验，不断赋予中国式现代化新的时代内涵和战略方向。

党的二十大报告指出："我国现代化是人口规模巨大的现代化，是全体人民共同富裕的现代化，是物质文明和精神文明相协调的现代化，是人与自然和谐共生的现代化，是走和平发展道路的现代化。"在这里，"人口规模巨大"揭示了中国式现代化的逻辑前提，"全体人民共同富裕"揭示了中国式现代化的价值取向，"物质文明和精神文明相协调"揭示了中国式现代化的本质要求，"人与自然和谐共生"揭示了中国式现代化的后发优势，"走和平发展道路"揭示了中国式现代化的战略选择。这些科学概括和重要论述，为全方位认识、全过程实践、全领域推进中国式现代化提供了理论指导和根本遵循。

1. 逻辑前提：人口规模巨大

党的二十大报告指出："中国式现代化是人口规模巨大的现代化。"我国的现代化不仅体现不同国家现代化的共性，也着眼于我国特色的国情，即中国式现代化。我们要实现的现代化，首先是人口规模巨大的现代化。我国积极打造社会主义现代化建设的伟大进程中，彻底消灭了绝对贫困，使城镇人口规模不断扩大，人口素质显著提高。在建设社会主义现代化国家的新征程中，在共产党的领导下更加重视人的全面发展，不断增进人民福祉。我国作为世界上最大的发展中国家，其现代化的完成，说明占世界五分之一人口的中国人民迈入现代化道路，使全球的现代化版图发生了根本性变化，势必载入人类文明进步的史册。

（1）创造人类减贫史上的奇迹

2021年2月，习近平总书记赴贵州看望慰问各族干部群众时强调："全面建成小康社会，一个民族不能落下；全面建设社会主义现代化，一个民族也不能落下。"我们党坚持以人民为中心的发展思想，把全体人民共同富裕作为2035年远景目标之一，在社会主义现代化建设进程中，团结带领全国各族人民为了美好生活进行长期艰苦奋斗，脱贫攻坚战取得全面胜利，创造了人类减贫史上的奇迹。中国实现现代化，必将改写世界现代化的战略版图，在人类发展史上产生重大而深远的影响。

新中国成立初期，从人均国内生产总值看，我国处于世界上最贫困的国家行列。按照现行贫困标准，到1978年，我国贫困人口规模仍有7.7亿人。改革开放后，从1978年到2012年，我国实际国内生产总值年均增长率达到9.86%，人均国内生产总值从1978年的385元增长到2012年的39874元。经济社会持续快速发展，推动绝大部分人口摆脱贫困、过上小康生活。

中国特色社会主义进入新时代，以习近平同志为核心的党中央领导全国人民把脱贫攻坚作为全面建成小康社会的底线任务。在迎来中国共产党成立100周年的重要时刻，我国脱贫攻坚战取得全面胜利，现行标准下国内登记在册的9899万农村贫困人口全部脱贫，832个贫困县全部摘帽，12.8万个贫困村改写了贫困历史，解决了区域性整体贫困问题，攻克了绝对贫困这一重大难题，实现了人类历史上的全新进步，创造出又一个彪炳史册的人间奇迹。这为持续推进人口规模巨大的现代化、让全体人民共享现代化成果奠定了坚实基础。

（2）推进世界历史上规模最大、速度最快的城镇化

推进城镇化，是实现现代化的必由之路。新中国成立初期，我国绝大部分人口生活在农村，城镇人口占比不到11%，到1978年也不到18%。

改革开放以来，我国经历了世界历史上规模最大、速度最快的城镇化进程，取得了举世瞩目的成就。我国城镇化水平稳步提升，国家统计局发布数据显示，2021年末，我国常住人口城镇化率为64.72%，比2020年末提高0.83个百分点，已进入以城市型社会为主体的新时代。

在城镇化过程中创造更多就业，不断提高人民收入。新中国成立初期，我国绝大部分人口从事农业生产，城镇就业机会匮乏。快速推进的工业化、城镇化创造了大量就业机会，城镇就业人员占总就业人员的比重从1978年的23.7%提高到2012年的48.4%。党的十八大以来，我国实施就业优先战略，全国城镇就业人数平均每年增加1000万人以上，2021年末全国就业人数74652万人，其中城镇就业人数46773万人，占全国就业人员总数的62.7%。与此同时，劳动者工资水平较快增长。国家统计局数据显示，2021年全国城镇非私营单位就业人员年平均工资为106837元，首次超过10万元，比上年增长9.7%，增速比2020年提高2.1个百分点，扣除价格因素实际增长8.6%。

(3) 实现人的全面发展，建成世界上规模最大的社会保障体系

在我国现代化不断推进人口规模的现代化进程中，我国整体人口素养不断提高，民生福祉不断增进。

一是受教育水平稳步提升。新中国成立之初，我国80%的人口是文盲，适龄儿童小学入学率不足20%。党中央把教育作为国之大计、党之大计，推进教育强国建设，办好人民满意的教育，人口受教育程度大幅提高。根据教育部发布的2021年全国教育事业统计，全国共有高等学校3012所，各种形式的高等教育在学总规模为4430万人，高等教育毛入学率为57.8%。全国共有义务教育阶段学校20.72万所，在校生1.58亿人，九年义务教育巩固率为95.4%，新增劳动力平均受教育年限达13.8年。教育普及水平稳居世界中上国家行列。①人才队伍不断壮大，知识技能水

---

① 龚维斌：《新时代党对社会建设的领导》，《社会治理》2021年第12期。

第二章
以中国式现代化全面推进中华民族伟大复兴

平不断提高,为建设社会主义现代化国家提供了坚实的人力资源保障。

二是健康水平逐步提高。新中国成立时,我国人均预期寿命仅有35岁。随着经济社会发展,我国医疗卫生投入快速增长,公共卫生体系和医疗服务体系不断完善,覆盖城乡的基本医疗卫生制度逐步建立和完善,人民身体素质日益改善。2021年3月,习近平总书记在福建考察时指出:"现代化最重要的指标还是人民健康,这是人民幸福生活的基础。把这件事抓牢,人民至上、生命至上应该是全党全社会必须牢牢树立的一个理念。"党的十八大以来,我国卫生事业投入力度进一步加大,妇幼保健水平不断提高,人民健康水平总体上优于中高收入国家平均水平。为满足广大民众不同层次的健康诉求,全力推动健康中国建设,将人民健康置于优先发展的重要战略地位,与经济社会发展各项政策结合起来,加速落实健康卫生事业,提供更多优质健康资源,使广大民众日益感受体会幸福感安全感获得感,让我国现代化更好造福人民。

三是社会保障水平不断提高。新中国成立初期,我国社会保障几乎为空白。改革开放以来,我国社会保障制度逐步建立,覆盖面不断增加。我国在"十三五"期间,完成了全球规模最大的社会保障体系建设,实现超13亿人的基本医保覆盖,约10亿人的基本养老保险覆盖,显著提高了社会保障水平。2021年2月,习近平总书记在中共中央政治局第二十八次集体学习时强调:"社会保障是保障和改善民生、维护社会公平、增进人民福祉的基本制度保障,是促进经济社会发展、实现广大人民群众共享改革发展成果的重要制度安排,是治国安邦的大问题。"党的十八大以来,多层次社会保障体系不断健全。党的十九大报告描绘了我国到2035年基本实现现代化、到21世纪中叶全面建成社会主义现代化强国的宏伟蓝图,给我国特色社会保障体系健全给予了行动指引。我们应明确一个问题,伴随社会主要矛盾的转变,人民诉求、就业方式都呈现多样化态势,人口老龄化无法遏制,经济增长方式发生改变,均一定程度上影响到社会保障体系的健全,对推进人口规模巨大的现代化带来新挑战。目前,我国围绕社会保险为中心,构建社会救助、福利、优抚等各种制度包括在内的社会保障体系,其功能齐全,目标明确,基本医疗保险覆盖超过13亿人,基本养老保险覆盖近10亿人,单从规模来看,称得上全球最大的社会保障体系。社会保障水平和规模的不断提高,为推进人口规模巨大的现代化提供了有利条件。

(4)人口规模巨大给中国式现代化赋予潜在优势

巨量人口不仅带来压力和挑战,也给中国式现代化赋予了重要的潜在优势。14亿多人口超大规模市场,是我国最为特殊也最有希望的资源禀赋。从供给看,它将促使我国更加重视独立自主,把中国人的饭碗牢牢端在自己手里,加快建设门类齐全、高质高效的现代化产业体系;从需求看,能够孕育超大规模的需求和消费,能够为抵御外部风险提供强大韧劲和回旋空间;从科技创新看,能够提供催生创新创造的丰沃土壤,从而成为我国加快现代化的持续动力和不竭源泉。我国社会主义现代化建设之所以能取得这样的成就,关键在于坚持和加强党的领导,坚持以人民为中心的发展思想,充分发挥我国社会主义制度的显著优势,能够广泛凝聚起14亿多中国人民投身现代化建设、创造幸福美好生活,不断推进人口规模巨大的现代化。

2. 价值取向:全体人民共同富裕

习近平总书记在党的二十大上强调:"中国式现代化是全体人民共同富裕的现代化。"在全国脱贫攻坚总结表彰大会上,习近平总书记庄严宣告:"我国脱贫攻坚战取得了全面胜利。"这意味着我们党团结并带领广大人民在创造美好生活、实现共同富裕的道路上迈出了坚实的一大步,也意味着我国社会主义现代化建设取得了又一个巨大成就。我国社会主义现代化建设之所以得到广大人民支持、取得辉煌成就,一个重要原因是我们在现代化征程上始终坚定不移走共同富裕道路。

(1)实现共同富裕是社会主义的本质要求

100多年来,国家繁荣富强、人民共同富裕是中国共产党持之以恒的

第二章
以中国式现代化全面推进中华民族伟大复兴

奋斗目标。新中国成立之初,毛泽东同志就提出了我国发展富强的目标,并指出"这个富,是共同的富,这个强,是共同的强,大家都有份"①。新中国建立社会主义基本制度,为逐步实现共同富裕奠定了社会制度基础。改革开放后,邓小平同志多次强调共同富裕,指出"社会主义不是少数人富起来、大多数人穷,不是那个样子。社会主义最大的优越性就是共同富裕,这是体现社会主义本质的一个东西"②。党的十八大以来,习近平总书记多次强调,共同富裕是中国特色社会主义的根本原则,实现共同富裕是我们党的重要使命。我们推动经济社会发展,归根结底是要实现全体人民共同富裕。在以习近平同志为核心的党中央坚强领导下,2021年中国经济总量突破110万亿元,比上年增长8.1%;全年全国居民人均可支配收入35128元,比上年名义增长9.1%,困扰中华民族几千年的绝对贫困问题历史性地得到解决。实现我们党第一个百年奋斗目标,全面建成了小康社会,为促进共同富裕创造了前所未有的条件。在向第二个百年奋斗目标迈进的过程中,习近平总书记提出要扎实推进共同富裕,到2035年,全体人民共同富裕取得更为明显的实质性进展,到21世纪中叶,全体人民共同富裕基本实现,居民收入和实际消费水平差距缩小到合理区间。在全面建成小康社会的基础上,有以人民为中心的发展思想,有党的领导和中国特色社会主义制度,有先富带后富、帮后富的方针政策,有14亿多中国人民奋斗实干,我们一定能够实现全体人民共同富裕的伟大目标,以中国智慧与中国方案为更加公平、更可持续的人类现代化作出应有的贡献。

（2）共同富裕自古以来就是中国人民的夙愿

在高质量发展中促进共同富裕是对中华民族的优秀文化传统的传承和演进,是对中华民族优秀思想理念的时代升华和科学表达,是几千年来我

---

① 《毛泽东文集》第三卷,人民出版社1996年版,第146页。
② 《邓小平文选》第三卷,人民出版社1993年版,第364页。

国广大民众的根本诉求。我国广大民众对共同富裕的企盼和追求贯通古今，在古代社会往往通过反抗暴政的形式表达出来，并在很大程度上助推了社会变革。纵观中华民族5000多年文明历史，共同富裕始终是广大民众的根本利益诉求，但由于受到生产力水平的限制和阶级矛盾的制约，在旧中国无法确立人民大众的主体地位，共同富裕的理想一直没有也不可能实现。中国特色社会主义新时代是"逐步实现全体人民共同富裕的时代"。中国共产党百年奋斗的光辉历程表明，只有坚持中国共产党的领导，才能让中国人民的共同富裕夙愿变成现实。

（3）实现共同富裕是我们党的重要使命

党的二十大报告指出："从现在起，中国共产党的中心任务就是团结带领全国各族人民全面建成社会主义现代化强国、实现第二个百年奋斗目标，以中国式现代化全面推进中华民族伟大复兴。"消除贫困、改善民生、实现共同富裕，是社会主义的本质要求，是我们党的重要使命和矢志不渝的奋斗目标。

新民主主义革命时期，我们党解放穷苦人民并翻身做主人，就是为了让人民摆脱贫困，过上好日子。新中国的成立和社会主义制度的建立为实现共同富裕奠定了根本政治前提和制度基础。在社会主义现代化的进程中，我们党始终把实现共同富裕作为奋斗目标，坚持以经济建设为中心，大力解放和发展社会生产力，不断提高人民生活水平。

中国特色社会主义进入新时代，以习近平同志为核心的党中央明确指出，"人民对美好生活的向往，就是我们的奋斗目标"，并提出了全面建成小康社会新的目标要求。党的二十大报告指出，到2035年，我国发展的总体目标包括"人民生活更加幸福美好，居民人均可支配收入再上新台阶，中等收入群体比重明显提高，基本公共服务实现均等化，农村基本具备现代生活条件，社会保持长期稳定，人的全面发展、全体人民共同富裕取得更为明显的实质性进展"，指明了实现共同富裕的前进方向和路径，描绘了实现共同富裕的宏伟蓝图。

（4）推动共同富裕，需要实现高质量发展

中国特色社会主义进入新时代，我国社会主要矛盾已经转化为人民日益增长的美好生活需要和不平衡不充分的发展之间的矛盾，推动高质量发展的过程就是解决这一主要矛盾的过程。高质量发展的核心目标是全面建成社会主义现代化强国与实现第二个百年奋斗目标，高质量发展的实现载体是现代化经济体系的建设，实施乡村振兴，持续缩小城乡区域发展差距，为实现共同富裕奠定雄厚的物质基础。坚持以人民为中心的发展思想，保障人民在参与发展中机会公平、规则公平、权利公平，共同创造社会财富，共同分享发展成果。

推动共同富裕，需要构建体现效率、促进公平的收入分配体系。坚持按劳分配为主体、多种分配方式并存，正确处理效率和公平的关系，现代化经济体系创造的成果最终要体现在创造者的"获得感"上，而要让经济体系真正有持续的动力，就要构建"劳有所获、多劳多得"的收入分配体系。"分蛋糕"的方式会直接影响到"做蛋糕"的动力，现代化的收入分配体系就是要建设"体现效率、促进公平"的收入分配体系。构建初次分配、再分配、三次分配协调配套的基础性制度安排，加大税收、社保、转移支付等调节力度并提高精准性，扩大中等收入群体比重，增加低收入群体收入，合理调节高收入，取缔非法收入，形成"中间大、两头小"的橄榄型分配结构。要在做大蛋糕的基础上分好蛋糕，以更大的力度、更实的举措让人民群众有更多获得感，使全体人民朝着共同富裕目标扎实迈进。

3. 突出特征：物质文明和精神文明相协调

中国特色社会主义是物质文明和精神文明全面发展的社会主义，中国式现代化是物质文明和精神文明相协调的现代化。全面建设社会主义现代化国家，向着第二个百年奋斗目标进军，必须把物质文明和精神文明都建设好，实现国家物质力量和精神力量在协调中增强。

（1）我们党始终坚持物质文明和精神文明协调发展的理念

改革开放以来，我们党确立了"两手抓、两手都要硬"的基本战略方针。1986年，党的十二届六中全会专门作出《中共中央关于社会主义精神文明建设指导方针的决议》，对社会主义精神文明建设的战略地位、指导思想、主要内容和任务等作了系统性阐述。1996年，党的十四届六中全会审议通过《中共中央关于加强社会主义精神文明建设若干重要问题的决议》，就如何推动物质与精神两大文明建设的相互促进和协调发展等重大问题等给予科学指示和行动指导。2006年，党的十六届六中全会提出社会主义核心价值体系的建设任务；2011年党的十七届六中全会通过《中共中央关于深化文化体制改革推动社会主义文化大发展大繁荣若干重大问题的决定》，明确提出"建设社会主义文化强国"的奋斗目标。党的十八大以来，以习近平同志为核心的党中央把精神文明建设放在统筹推进"五位一体"总体布局、协调推进"四个全面"战略布局的重要位置。在全面建设社会主义现代化国家进程中，我们必须高举精神旗帜、传承精神基因、强化精神纽带，锲而不舍抓实精神文明建设，在中国式现代化中谱写物质文明与精神文明协调发展的新篇章。

（2）物质文明和精神文明协调发展，是中国特色社会主义道路应有之义

中国特色社会主义道路的内容是一条基本路线、一个总布局、一个总任务。一条基本路线，就是"一个中心两个基本点"。坚持党的基本路线，关键是坚持以经济建设为中心不动摇。四项基本原则是立国之本，改革开放是强国之路。一个总布局，就是经济建设、政治建设、文化建设、社会建设、生态文明建设"五位一体"的中国特色社会主义事业的总体布局。在这个总布局中，必须坚持以经济建设为中心，全面推进社会主义市场经济、社会主义民主政治、社会主义先进文化、社会主义和谐社会和社会主义生态文明建设，促进社会全面进步和人的全面发展。一个总任务，就是实现社会主义现代化和中华民族伟大复兴。综合来看，基本路线、总布局和总任务三者是有机关联的整体，着眼于以经济建设为核心、实现物质文明和精神文明协调发展的道路。

（3）物质文明和精神文明协调发展，是实现中华民族伟大复兴的重要引领

在实现第二个百年奋斗目标和中华民族伟大复兴的进程中，不仅需要物质文明的高质量发展，亦需要精神文明思想引领发展。一个民族的复兴需要强大的物质力量，也需要强大的精神力量。2014年10月，习近平总书记在文艺工作座谈会上的讲话中指出："当高楼大厦在我国大地上遍地林立时，中华民族精神的大厦也应该巍然耸立。"面对中华民族伟大复兴战略全局和世界百年未有之大变局，我们比历史上任何一个时期都更接近实现中华民族伟大复兴的战略目标，以习近平新时代中国特色社会主义思想为指导，巩固马克思主义指导思想在意识形态领域的指导地位，更加自觉、更加自信、更加坚定地推动物质文明和精神文明协调发展，为实现中国第二个百年奋斗目标和实现中国梦提供强大精神动力。

4. 后发优势：人与自然和谐共生

中国式现代化是人与自然和谐共生的现代化。人与自然和谐共生的现代化，将生态文明建设纳入现代化的全过程和各方面，是对资本主义现代化模式的超越，是推动全球可持续发展的中国方案。

（1）推动经济社会高质量发展的必然要求

习近平总书记指出："建设生态文明、推动绿色低碳循环发展，不仅可以满足人民日益增长的优美生态环境需要，而且可以推动实现更高质量、更有效率、更加公平、更可持续、更为安全的发展。"[①] 进入"十四五"时期，我国经济社会发展体系以高质量发展为时代主题。这需要我们更为关注质量问题，使其处于更为重要的地位，努力提升发展质量和效益。我们必须坚持质量第一、效益优先，切实转变发展方式，把降碳作为促进经济社会发展全面绿色转型的总抓手，推动实现减污降碳协同增效。推动质量变革、效率变革、动力变革，使高质量发展成果更好惠及全体人

---

① 《习近平谈治国理政》第四卷，外文出版社2022年版，第361页。

民，如深入打好污染防治攻坚战，集中攻克老百姓身边的突出生态环境问题，让老百姓实实在在感受到生态环境质量不断得到改善，实现人民对美好生活的向往。

（2）推进以人为本的新型城镇化的成功经验

建设人与自然和谐共生的现代化，必须把保护城市生态环境摆在更加突出的位置，科学合理规划城市的生产空间、生活空间、生态空间，处理好城市生产生活和生态环境保护的关系，既提高经济发展质量，又提高人民生活品质。城镇是现代化的重要载体，城镇发展需要大量的能源和资源等，必须守住资源节约的底线。在我国推进以人为核心的新型城镇化的成功经验的基础上，吸取其他国家城镇化发展的经验教训，我们把生态文明理念和原则融入城镇化全过程，走集约、智能、绿色、低碳的新型城镇化道路，促进资源环境承载能力与经济社会发展格局、城镇空间布局和产业结构调整相适应；强化国土空间规划和用途管控，实施主体功能区战略，划定并严守生态保护红线，落实生态保护、基本农田、城镇开发等空间管控边界。

（3）推动生态文明建设实现新进步的战略举措

"十四五"时期，我国生态文明建设进入了以降碳为重点战略方向、推动减污降碳协同增效、促进经济社会发展全面绿色转型、实现生态环境质量改善由量变到质变的关键时期。在新发展阶段，我们要完整、准确、全面贯彻新发展理念，保持战略定力，站在人与自然和谐共生的高度来谋划经济社会发展，坚持节约资源和保护环境的基本国策，坚持节约优先、保护优先、自然恢复为主的方针，形成节约资源和保护环境的空间格局、产业结构、生产方式、生活方式，统筹污染治理、生态保护、应对气候变化，促进生态环境持续改善，努力建设人与自然和谐共生的现代化。

5. 战略选择：走和平发展道路

中国式现代化是走和平发展道路的现代化。中国实现现代化战略过程，既是一种过程的和平，也将是一种结果的和平，而实现了现代化后的中国更将是维护世界和平的重要力量，必将给世界带来和平和美好。

（1）在现代化过程中，中国将是世界和平的建设者

和平发展是中国发展的鲜明特征，更是中国人民的永恒期望。"和平共处五项原则"自提出以来便成为中国外交政策的基本原则。新中国成立以来，中国从未主动挑起与别国的冲突和战争，也没有占领别国的一寸土地。改革开放以来的40多年里，中国一直坚持和平发展道路。随着中国国力的增强，中国为解决地区冲突和维护世界和平作出了力所能及的重要贡献，是联合国五大常任理事国中派出维和部队最多的国家。此外中国还参与了世界不少冲突问题的斡旋、调解和多边解决。中国不仅为自身实现现代化营造和平的国际环境，还为消除纷争和平息战乱发挥了积极作用。

（2）在现代化过程中，中国将是全球经济发展的贡献者

近年来，随着中国经济的持续高速增长，中国成为世界贸易的最主要贡献者，世界市场的最主要份额承担者，世界投资的最重要来源地之一。近年来，我国对世界经济增长的贡献率保持在约30%。目前中国是全球120多个国家和地区的最大贸易伙伴，进口占全球比重约为11%。中国的经济增长成为带动世界经济增长的火车头。而作为世界上最大的发展中国家和新兴经济体，中国曾明确表示欢迎广大发展中国家搭乘中国发展的"顺风车"，特别是"一带一路"倡议与沿线国家在互利共赢基础上积极开展深度合作，为世界发展中国家和地区提供了重要的经济发展机遇。而在新冠疫情全球肆虐给世界经济造成沉重打击的状况下，中国向疫情严重的国家及时提供医疗物资援助，助力疫情缓解和经济恢复增长，促进世界经济的复苏。

（3）在现代化过程中，中国还将是国际秩序的维护者

中国一直坚定奉行多边主义，以公平正义为要旨、以有效行动为导向，积极支持包括联合国在内的多种全球性多边组织和区域合作机制在处理国际及地区事务中发挥作用。中国顺应冷战结束后国际关系全球化和区

域合作一体化大趋势,参加了战后建立的各层次各领域的国际多边合作机制,坚持构建开放型世界经济,毫不动摇支持以世界贸易组织为核心的多边贸易体制。中国与周边国家共同努力推动东亚区域的整合和亚洲国家间各种多边机制的联结,倡导亚太区域自贸区建设和亚太共同体建构,参与涵盖全球的各区间多边组织相互协调与合作。中国作为一个有担当的大国,将在自身实现现代化的过程中,为维护和完善公正合理的国际秩序发挥正面的作用。目前中国站在了现代化进程的新起点上。"十四五"规划建议从9个方面勾画了2035年基本实现社会主义现代化图景,所依托的都是中国的内生动力和人民自强奋斗,没有一项计划是要对外进行扩张,更没有以其他国家和人民的利益为代价来实现自身利益和提升自己实力。可以肯定地说,在未来30年,中国将通过和平发展,完全依靠自身努力来完成现代化的进程。

(二) 中国式现代化的本质要求

党的二十大报告鲜明地指出:"中国式现代化的本质要求是:坚持中国共产党领导,坚持中国特色社会主义,实现高质量发展,发展全过程人民民主,丰富人民精神世界,实现全体人民共同富裕,促进人与自然和谐共生,推动构建人类命运共同体,创造人类文明新形态。"总的来说,中国式现代化的本质要求各方面紧密联系、内在贯通,构成了一个系统完备、科学严密的有机整体,共同致力于确保中国式现代化行稳致远。

1. 根本上坚持中国共产党领导、坚持中国特色社会主义

"坚持中国共产党领导、坚持中国特色社会主义"是为中国式现代化提供根本保证。一方面,"坚持中国共产党领导"明确了中国式现代化的根本政治保证,揭示了中国式现代化的根本原则。中国共产党领导既是中国特色社会主义最本质的特征,也是中国特色社会主义制度的最大优势。这就要求我们必须全面系统整体落实党的领导、必须坚持党中央集中统一领导的最高政治原则、必须建立健全党的领导制度、坚决做到"两个维护"。另一方面,"坚持中国特色社会主义"明确了中国式现代化的正确政治方向,为中国式现代化提供了方向性的根本要求。中国特色社会主义是实现中华民族伟大复兴的必由之路。这就要求我们必须深刻把握中国特色社会主义事业总体布局和战略布局;坚定道路自信、理论自信、制度自信、文化自信;在"两个结合"中开辟马克思主义中国化时代化新境界;一以贯之坚持和发展中国特色社会主义。只有坚定不移加强党的全面领导,始终坚持中国特色社会主义的正确方向,才能确保中国特色社会主义巍巍巨轮乘风破浪、行稳致远。

2. 经济上实现高质量发展

"实现高质量发展"是为中国式现代化奠定充足的物质文明基础。改革开放以来,我们始终将发展作为解决一切问题的基础和关键,从发展是硬道理到发展是执政兴国第一要务、从科学发展观到新发展理念,我们党的发展理念随着发展阶段、发展任务的变化,不断与时俱进、丰富创新。进入新时代,我国社会主要矛盾已经转化为人民日益增长的美好生活需要和不平衡不充分的发展之间的矛盾,发展中的矛盾和问题更多体现在发展质量上。全面建设社会主义现代化国家,必须坚持以人民为中心的发展思想,加快转变发展方式,更多依靠创新驱动,推动质量变革、效率变革、动力变革,着力提高发展的质量和水平。党中央强调,贯彻新发展理念、推动高质量发展,是关系现代化建设全局的一场深刻变革,不再简单以生产总值增长率论英雄,而是要实现创新成为第一动力、协调成为内生特点、绿色成为普遍形态、开放成为必由之路、共享成为根本目的的高质量发展。这就要求:要坚持以推动高质量发展为主题,把实施扩大内需战略同深化供给侧结构性改革有机结合起来,增强国内大循环内生动力和可靠性,提升国际循环质量和水平,加快建设现代化经济体系,着力提高全要素生产率,着力提升产业链供应链韧性和安全水平,着力推进城乡融合和区域协调发展,推动经济实现质的有效提升和量的合理增长。

3. 政治上发展全过程人民民主

"发展全过程人民民主"是为中国式现代化奠定稳固的政治文明基础。纵观世界近现代发展史，现代化总是与民主相生相伴。现代化为民主提供物质、精神等基础保障，而民主则是现代化的目标和本质之一，民主政治发展状况直接影响现代化的前进方向和实现状况。党的二十大报告提出，发展全过程人民民主是中国式现代化的本质要求之一，这就从社会主义民主政治建设这一关键维度描绘了中国式现代化所追求的民主政治图景。党的十八大以来，以习近平同志为核心的党中央基于对社会主义民主政治发展规律的深刻把握，创造性提出了发展全过程人民民主的政治理念，体现了中国式现代化的政治特征和民主要求，从人民当家作主的主体角度彰显了中国式现代化的价值导向和实践要求。在新的历史方位上，全过程人民民主应以现代化目标要求为发展导向，不断塑造比较优势：以现代化发展布局不断完善全过程人民民主制度体系、以现代化目标任务持续明确全过程人民民主核心议题、以现代化治理能力全面提升全过程人民民主发展效能、以现代化信息技术深入拓展全过程人民民主实施空间。

4. 文化上丰富人民精神世界

"丰富人民精神世界"是为中国式现代化奠定坚固的精神文明基础。丰富人民精神世界体现了中国式现代化不同于西方现代化的显著优势。物质文明和精神文明相协调的现代化，物质富足和精神富有相统一的现代化，是中国式现代化与西方现代化的重要区别。丰富人民精神世界不仅注重物质上的现代化，更关注人的现代化，体现在人的思想观念、人文精神、能力素质、道德情操、文明素养等全面发展上，体现在始终不断满足人民群众日益增长的精神文化需求上，始终高度重视解决人民群众在精神文化生活领域的突出问题上，破解了西方现代化所造成的物欲膨胀和唯利是图的本质和弊端，充分彰显了中国特色社会主义制度的重要优势。中国式现代化展现了现代化的另一幅图景，体现了中国式现代化的文明逻辑，创造了人类文明新形态，为广大发展中国家迈向现代化提供了全新选择。

因此，在推进中国式现代化的过程中丰富人民精神生活就要求，必须以马克思主义为指导引领社会主义文化建设发展方向，以社会主义精神文明建设大力满足人民精神文化生活，以社会主义核心价值观提供强大精神支撑，以中国共产党人精神谱系激发人民精神力量。

5. 社会上实现全体人民共同富裕

"实现全体人民共同富裕"是为中国式现代化奠定坚实的社会文明基础。中国式现代化是全体人民共同富裕的现代化，这是中国特色社会主义制度的本质决定的。必须看到，富裕是各国现代化追求的目标，但一些发达国家搞了几百年工业化和现代化，不仅没有实现共同富裕，贫富差距反而越来越严重。在我国社会主义制度下，我们既要不断解放和发展社会生产力，不断创造和积累社会财富，又要防止两极分化，切实推动人的全面发展、全体人民共同富裕取得更为明显的实质性进展。我们追求的发展是造福人民的发展，我们追求的富裕是全体人民共同富裕，要让所有人都有机会凭自己的能力参与现代化进程，凭自己的贡献分享国家发展的成果。把实现人民对美好生活的向往作为现代化建设的出发点和落脚点，擦亮了中国式现代化的鲜明价值底色；把共同富裕作为中国式现代化的重要特征，见证了中国发展牢牢占据着推动人类社会进步、实现人类美好理想的道义制高点。在推进中国式现代化的过程中实现全体人民共同富裕就要求把握好鼓励勤劳创新致富、坚持基本经济制度、尽力而为量力而行、坚持循序渐进的原则。

6. 生态上促进人与自然和谐共生

"促进人与自然和谐共生"是为中国式现代化奠定充分的生态文明基础。中国式现代化，是中国共产党领导的社会主义现代化，既有各国现代化的共同特征，更有基于自己国情的中国特色，其中之一是人与自然和谐共生的现代化。人与自然和谐共生充分体现了社会主义现代化建设的内在要求，高度契合了新时代高质量发展的总体目标，深入贯彻了以人民为中心的发展思想，推动发展了人类文明新形态，对筑牢中国式现代化绿色根基，实现中华民族永续发展具有重大现实意义和深远历史意义。因此，以中国式现代化全面推进中华民族伟大复兴，必须立足建设美丽中国这个关乎中华民族永续发展的千年大计、根本大计，必须遵循尊重自然、顺应自然、保护自然这个全面建设社会主义现代化国家的内在要求，必须牢固树立和践行绿水青山就是金山银山的根本理念，以人与自然和谐共生谋划发展，为全面建设社会主义现代化强国奠定生态基础，为中华民族伟大复兴贡献生态力量。

7. 外交上推动构建人类命运共同体、创造人类文明新形态

"推动构建人类命运共同体、创造人类文明新形态"是为中国式现代化提供了中国智慧和中国方案。实现现代化是世界各国的共同梦想。解决好民族性问题，就有更强能力去解决世界性问题；把中国实践总结好，就有更强能力为解决世界性问题提供思路和办法。中国式现代化的成功实践极大改变了世界现代化的版图，对广大发展中国家产生多重示范意义，为推动构建人类命运共同体探索了规律，奠定了实践基础。同时，中国式现代化，深深植根于中华优秀传统文化，体现科学社会主义的先进本质，借鉴吸收一切人类优秀文明成果，代表人类文明进步的发展方向，展现了不同于西方现代化模式的新图景，是一种全新的人类文明形态，为广大发展中国家独立自主迈向现代化树立了典范，为其提供了全新选择。因此，推进中国式现代化在外交方面必须始终不渝走和平发展道路；推动构建新型国际关系；推动落实全球发展倡议、全球安全倡议和全球文明倡议；高质量共建"一带一路"；坚定维护多边主义，完善全球治理；建设持久和平、普遍安全、共同繁荣、开放包容、清洁美丽的世界。

三、以中国式现代化推进中华民族伟大复兴的实践路径

习近平总书记站在党和国家发展大势的高度上，明确提出："中国式现代化的本质要求是：坚持中国共产党领导，坚持中国特色社会主义，实

第二章
以中国式现代化全面推进中华民族伟大复兴

现高质量发展,发展全过程人民民主,丰富人民精神世界,实现全体人民共同富裕,促进人与自然和谐共生,推动构建人类命运共同体,创造人类文明新形态。"这一重大政治判断厘清了中国式现代化的本质与特征,而在具体实践过程中,要以中国式现代化推进中华民族伟大复兴还必须在领导力量、价值追求、重要保证、战略布局、重要遵循等方面赋予时代特色。

(一)深刻把握以中国式现代化推进中华民族伟大复兴的时代要求

1. 领导力量:坚持和加强党的全面领导

坚持和加强党的全面领导,是习近平新时代中国特色社会主义思想的核心内容和精髓要义,始终坚持党的领导在推进我国社会主义现代化建设中至关重要,历史也告诉我们,只有坚持和加强党的领导,才能够尽快实现社会主义现代化。

中国特色社会主义最本质特征是中国共产党领导,中国特色社会主义制度最大优势是中国共产党领导,党是最高政治领导力量。党的十九大报告概括的"十四个坚持"中,第一个坚持是"坚持党对一切工作的领导"。党对社会主义现代化建设各个领域、各个方面的领导,中华民族伟大复兴是时代赋予中国共产党的历史使命,同时中国共产党身处世界百年未有之大变局中,这种新的形势也赋予了中国共产党新的任务——带领中国走上社会主义现代化国家的新路,这也是党的全面领导所肩负的历史使命。

实现中华民族伟大复兴,是近代以来中华民族的伟大梦想。无数国之志士无法改变中国近代以来悲惨屈辱的命运,无法肩负完成领导中国人民实现民族复兴的历史使命。中国共产党带领中华儿女经过28年的革命斗争,翻开了中国特色社会主义的全新一页。随着改革开放的深入,国人面貌焕然一新,中国人民跟随党的领导,开创了一个崭新的时代。党的十八大以来，在习近平总书记的带领下，我们党顺应时代发展，推动中国特色社会主义进入新时代，中华民族迎来了从站起来、富起来到强起来的伟大飞跃。站在"两个一百年"历史交汇点上，明确把"坚持党的全面领导"作为"十四五"时期经济社会发展必须遵循的首要原则，为实现中国梦指明了正确方向，提供了根本保证。

站在国际环境的角度，世界现今正处在百年未有之大变局中，一些国家的霸权主义行径令人发指，单边主义、保护主义逐渐盛行，这些都为世界的和平发展带来了很多不确定的因素。另外，新冠疫情的出现更加剧了这种不确定性，我国发展环境更趋复杂，这也要求全面加强党的领导严格按照党的要求开展工作，保证全面建设社会主义现代国家不发生偏离，形成安全稳定、团结有序的良好政治局面，保持国家大政方针的稳定性和持续性，调动人民参与国家建设和国家治理的积极性和创造性，实现中华民族伟大复兴的中国梦。

2. 价值追求：坚持以人民为中心的发展思想

中国共产党根基在人民、血脉在人民、力量在人民。在实现社会主义现代化的征程上，在开创中国式现代化过程中，我们党紧紧依靠人民创造历史，坚持全心全意为人民服务的根本宗旨，站稳人民立场，贯彻党的群众路线，尊重人民首创精神，践行以人民为中心的发展思想，发展全过程人民民主，维护社会公平正义，着力解决发展不平衡不充分问题和人民群众急难愁盼问题，推动人的全面发展和全体人民共同富裕。

现代化作为不可逆转的历史趋向，是时代变革的规律所向。"从长远的观点来看，现代化增加了全人类在文化和物质方面的幸福。"就现代化叙事的西方逻辑而言，以资本逻辑为核心的现代性尽管为人的全面发展创造了必要的物质前提和社会基础，但资本与劳动的对立只能导向奴役性的结果。相反，社会主义倡导的是以劳动创造财富并实现人的发展与社会进步的现代化，以社会主义制度的优越性驾驭资本的消极面，发挥资本的积极力量服务于人民群众的美好生活需求。100多年来，中国共产党带领中国人民为美好生活而奋斗——"中国共产党始终代表最广大人民根本利益,与人民休戚与共、生死相依,没有任何自己特殊的利益,从来不代表任何利益集团、任何权势团体、任何特权阶层的利益"①。中国共产党始终和人民心连心、同呼吸、共命运,将"江山就是人民、人民就是江山"作为立党之本,将"打江山、守江山,守的是人民的心"作为治国理政之本。这一先进性和人民性使中国共产党得以摆脱以往一切政治力量追求自身特殊利益的局限,使中国式现代化成为以人民为中心的现代化,致力于人的全面发展和社会进步。

3. 重要保证:坚持马克思主义在意识形态领域的指导地位

习近平总书记在庆祝中国共产党成立100周年大会上的讲话中指出,中国共产党为什么能,中国特色社会主义为什么好,归根到底是因为马克思主义行!中国共产党之所以能,根本在于它是以马克思主义为指导思想的党,是以马克思主义为灵魂和旗帜的党。马克思主义之所以行,是由其特有的根本性质决定的。在社会主义现代化的征程上,我们党始终把马克思主义作为立党立国的根本指导思想,坚持把马克思主义基本原理同中国具体实际相结合、同中华优秀传统文化相结合,用马克思主义观察时代、把握时代和引领时代;从中国实际出发,着眼于我国现实,把握历史主动权,以艰苦的探索,持续推动马克思主义中国化时代化,推动现代化各项事业沿着社会主义方向不断地走向胜利。

中国式现代化充分彰显了科学社会主义的强大生机和活力,是对马克思主义重大理论的实践创新,它展现了现代化道路的多样性,为发展中国家走向现代化提供了全新的选择;它为人类应对重大挑战和解决突出问题贡献了中国智慧,提供了中国方案,展现了人类社会现代化的光明前景。在马克思主义理论的指导下推动我国社会主义现代化事业顺利发展,并朝着全面建成社会主义现代化强国阔步迈进。

---

① 《习近平谈治国理政》第四卷,外文出版社2022年版,第9页。

4. 战略规划：坚持"五位一体"总体布局和"四个全面"战略布局

"五位一体"总体布局和"四个全面"战略布局的提出，更完整地展现出新一届中央领导集体治国理政总体框架，使当前和今后一个时期，党和国家各项工作关键环节、重点领域、主攻方向更加清晰，内在逻辑更加严密，对推动改革开放和社会主义现代化建设迈上新台阶提供了基本路径。

习近平总书记在庆祝中国共产党成立 100 周年大会上的讲话中，把"推动物质文明、政治文明、精神文明、社会文明、生态文明协调发展"作为"创造了中国式现代化新道路"的重要前提。"五个文明"协调发展反映了中国式现代化道路的核心内容。在特色社会主义的新时代，我们必须继续统筹推进"五个文明"协调发展。

"五位一体"总体布局是中国共产党对社会主义建设规律不断认识深化的结果，是夯实社会主义全面发展的基础性布局和总体性安排；协调推进"四个全面"战略布局是中国共产党在新的历史条件下应对重大挑战、抵御重大风险、克服重大阻力、解决重大矛盾的战略性思考和操作性部署，其中全面建成社会主义现代化强国是目标，全面深化改革是动力，全面依法治国是保障，全面从严治党是领导和关键。毫无疑问，中国共产党在统筹推进"五位一体"总体布局、协调推进"四个全面"战略布局中最为关键和最为重要，对党的领导能力与执政水平提出了全新的挑战和全面的考验。党带领 14 亿多中国人民已经奇迹般实现全面建成小康社会，必将昂首阔步完成第二个百年目标，实现中华民族伟大复兴。

5. 重要遵循：坚持把握新发展阶段、贯彻新发展理念、构建新发展格局，推动高质量发展

2022 年 3 月 5 日，习近平总书记在参加内蒙古代表团审议时指出，"要找准内蒙古在全国构建新发展格局中的定位"，"要坚决守住防止规模性返贫的底线"，"要保护好内蒙古生态环境"，对内蒙古自治区下阶段规划作出的明确要求，为全国上下协同一致行动、开拓进取、打好"主动仗"指明了方向,给"十四五"甚至更长时期的发展思路与方式提供了思想指引。新发展理念是一个整体,需要人们完整、准确、全面理解和贯彻,着力服务和融入新发展格局。

历经40多年的改革开放,我国经济体量的持续扩大成果显著。2010年中国GDP突破了40万亿元,2020年中国GDP突破了100万亿元的历史性大关,经济体量比2010年翻了一番多。习近平总书记在党的十九届五中全会上指出,要科学把握新发展阶段,深入贯彻新发展理念,加快构建新发展格局,以推动高质量发展为主题,以深化供给侧结构性改革为主线,实现经济行稳致远、社会安定和谐。新发展阶段、新发展理念、新发展格局三者关系的清晰定位,有利于中国共产党运用马克思主义更好地解决中国当前实际问题,有利于中国共产党运用习近平新时代中国特色社会主义思想,更好地引领中国高质量发展。

高质量发展是以质量和效益替代速度和规模成为首要发展目标的发展,只有把握新发展阶段、贯彻新发展理念、构建新发展格局,才能够实现高质量发展。认识和立足新发展阶段是实现高质量发展的前提和基础,脱离这个前提和基础,高质量发展就不可能实现;新发展理念是实现高质量发展的关键和核心,必须始终坚持这个发展的根本指导思想并在实践中不断丰富深化;新发展格局是实现高质量发展的必然要求和根本路径,要在构建新发展格局的进程中深化供给侧结构性改革,建设现代化经济体系,培育经济增长新动能,提升发展的质量和效益。

在新发展理念引导与价值导向作用下,主动谋求新发展格局的建立,推动发展质量、效益、结构、速度、规模、安全等多要素彼此统一结合,进而助力经济社会的高质量发展,使人民日益增长的美好生活诉求得以满足。事实上,新发展阶段、新发展理念、新发展格局彼此融合成为互为支持的有机统一体,对高质量发展实践大有裨益。构建新发展格局是实现高质量发展的重要路径选择,不仅是高质量发展的内在要求,也是高质量发展的基本前提,更是高质量发展的重要标志。

（二）坚决贯彻以中国式现代化推进中华民族伟大复兴的重大原则

回首中国共产党探索中国式现代化道路的百年历程，无论是在历经艰辛的建党初期，还是在曲折中前进的社会主义革命和建设时期，无论是砥砺奋进的改革开放和社会主义现代化建设新时期，还是风正帆悬的新时代，实现现代化的民族宏愿激励着一代又一代中国共产党人不懈求索、赓续奋斗。概括梳理我们党探索中国式现代化道路的经验启示，主要有以下几个方面。

1. 领导原则：坚持中国共产党领导

坚持中国共产党领导是中国现代化事业取得成功的关键所在。毛泽东同志指出："没有中国共产党的努力，没有中国共产党人做中国人民的中流砥柱，中国的独立和解放是不可能的，中国的工业化和农业近代化也是不可能的。"① 党的十九届六中全会通过的《中共中央关于党的百年奋斗重大成就和历史经验的决议》中，"坚持党的领导"成为党百年奋斗十条历史经验的首位。可以看出，此认识汇聚了百年来社会主义现代化建设历史经验的深邃思考和深刻把握。正是因为坚持党的坚强领导，中国人民彻底结束屈辱的历史，挺直脊梁屹立于世界东方；中国实现了由封建专制到人民民主的历史转变，开启了重塑民族自信的伟大征程；中国的面貌由一穷二白到欣欣向荣，实现了从世界边缘走向世界舞台中央的华丽转身。坚持党的领导是实现现代化强国目标的强有力保证，中国崛起的巨大成功足以支撑起中国共产党的道路自信。

2. 方向原则：必须高举社会主义旗帜

习近平总书记曾语重心长地讲："道路决定命运，找到一条正确的道

---

① 《毛泽东选集》第三卷，人民出版社1991年版，第1097页。

第二章　以中国式现代化全面推进中华民族伟大复兴

路多么不容易,我们必须坚定不移走下去。"① 时代和历史的际遇使中国共产党选择了一条不同于西方国家的现代化道路,那就是把现代化普遍规律和中国现代化实践有机结合,把社会主义的制度优势转化为现代化建设的强大效能。回首百余年奋斗历程,从建党之初将实现工业化作为自己的历史使命,到改革开放后跟跑、并跑和领跑在现代化的道路上,我们党带领全体人民攻坚克难、奋起直追,实现了中国从"追赶时代"到"引领时代"的巨大转变。进入新时代,我国脱贫攻坚战取得全面胜利,创造了彪炳史册的人间奇迹;14亿多人口即将进入现代化国家行列,重塑了世界现代化的版图。中国的现代化进程无可置疑地证明,社会主义与现代化的有机结合是中国共产党的伟大探索、伟大实践和伟大创造。

3. 价值原则:必须坚持以人民为中心

习近平总书记指出:"以人民为中心的发展思想,不是一个抽象的、玄奥的概念,不能只停留在口头上、止步于思想环节,而要体现在经济社会发展各个环节。"② 坚持以人民为中心是中国式现代化的根本价值取向。中国共产党在诞生之时就发出"为天下劳苦大众谋幸福"的庄严誓言,中国共产党始终秉持马克思主义政党的群众史观这一核心价值,植根于人民,服务于人民,把"以人民为中心"作为实现中华民族伟大复兴和社会主义现代化的立足点和落脚点。进入新时代,我们在比以往任何时候都更加接近民族复兴伟大理想和现代化美好蓝图之时,必须继续坚持以人民为中心的根本立场,实现社会主义发展目的和发展手段的高度统一、出发点和落脚点的高度统一,确保到21世纪中叶社会主义现代化强国目标的顺利实现。

4. 实践原则:必须坚持全面深化改革开放

改革开放是实现现代化的关键举措。实践证明,改革开放是中国昂首

---

① 《习近平谈治国理政》,外文出版社2014年版,第36页。
② 《习近平谈治国理政》第二卷,外文出版社2017年版,第213页。

大踏步追赶世界发展潮流的重要法宝。在开启社会主义现代化新征程的关键时刻，习近平总书记特别强调："在整个社会主义现代化进程中，我们都要高举改革开放的旗帜，决不能有丝毫动摇。"① 换言之，只有坚定不移全面深化改革，才能从根本上破除体制性障碍，实现国家治理体系和治理能力现代化；唯有锐意推进全面扩大开放，奉行和平、发展、合作、共赢的开放战略，才能在激烈的国际竞争中把握先机、赢得主动，不断以现代化的成就造福自己也惠及世界。站在全面建设社会主义现代化国家新征程的历史交集，我们一定要秉持昂扬的精神状态和前所未有的力度推动改革不停顿、开放不止步，给社会主义现代化强国建设持续带来源源不断的深厚动力，在新的起点上砥砺前行、再创辉煌。

5. 动力原则：必须坚持发扬斗争精神

实现中华民族伟大复兴是一项长期且艰苦的工程，需要一代又一代中国共产党人团结带领全国各族人民艰苦奋斗、孜孜以求。而在以中国式现代化推进中华民族伟大复兴的过程中，我们依然要面临许多的风险考验。其中，如果仅仅依靠党员领导干部的自觉肯定会陷入"后续乏力""精神懈怠"的困境，这就要求我们在前进的过程中，必须从中国共产党人的精神谱系中汲取精神力量、寻找精神保障。而最为关键的是要认真学习和领会中国共产党人精神谱系中的斗争意蕴和内涵，培养和造就中国共产党人的斗争精神。在党的百余年斗争史中，中国共产党人与恶劣天气作斗争、与复杂地质作斗争、与狡猾的反动派作斗争、与反复的疫情作斗争，取得了一个又一个的伟大胜利，涵养了斗争精神的丰富内涵和挖掘了斗争精神的巨大价值。习近平总书记在党的二十大报告中提及全面建设社会主义现代化国家的重大原则时，更是旗帜鲜明地指出："坚持发扬斗争精神。增强全党全国各族人民的志气、骨气、底气，不信邪、不怕鬼、不怕压，知难而进、迎难而上，统筹发展和安全，全力战胜前进道路上各种困难和挑

---

① 《习近平关于全面深化改革论述摘编》，中央文献出版社2014年版，第10页。

战,依靠顽强斗争打开事业发展新天地。"这就要求,我们在以中国式现代化推进中华民族伟大复兴的过程中,必须坚持和发扬斗争精神,以伟大的斗争精神战胜前进道路上的"邪魔歪道""魑魅魍魉",以强大的精神力量克服动力不足的风险挑战。

(三) 全面统筹以中国式现代化推进中华民族伟大复兴的重大关系

2023年2月,习近平总书记在学习贯彻党的二十大精神研讨班开班式上发表重要讲话强调,推进中国式现代化是一个系统工程,需要统筹兼顾、系统谋划、整体推进,正确处理好顶层设计与实践探索、战略与策略、守正与创新、效率与公平、活力与秩序、自立自强与对外开放等一系列重大关系。这六组重大关系,既辩证统一又一脉相承,既着眼长远又脚踏实地,充分体现了马克思主义唯物辩证的思想方法。

1. 正确处理顶层设计与实践探索的关系

顶层设计与实践探索是辩证统一的。党的二十大报告深刻阐述了中国式现代化的中国特色、本质要求、重大原则,这是推进中国式现代化的顶层设计。中国式现代化是分阶段、分领域推进的。实现各阶段发展目标,落实各领域发展战略,同样需要进行顶层设计。今天,无论是实现"双碳"目标、走好绿色发展之路,还是突破"卡脖子"技术、实现高水平自立自强,无论是持续保障和改善民生、扎实推动共同富裕,还是推动文化发展、建设文化强国,都涉及政府、企业、居民等多元主体,都呼唤城乡、地区、行业间协同配合,这就要进行顶层设计,做好系统谋划。因此,进行顶层设计,需要深刻洞察世界发展大势,准确把握人民群众的共同愿望,深入探索经济社会发展规律,使制定的规划和政策体系体现时代性、把握规律性、富于创造性,做到远近结合、上下贯通、内容协调。推进中国式现代化是一个探索性事业,还有许多未知领域,需要我们在实践中去大胆探索,通过改革创新来推动事业发展,决不能刻舟求剑、守株待兔。各地区各部门要结合各自具体实际开拓创新，特别是在前沿实践、未知领域，鼓励大胆探索、敢为人先，寻求有效解决新矛盾新问题的思路和办法，努力创造可复制、可推广的新鲜经验。①

2. 正确处理战略和策略的关系

战略和策略是辩证统一的关系，战略是从全局、长远、大势上作出判断和决策，策略是在战略指导下为战略服务的，正确的战略需要正确的策略来落实。正确运用战略和策略是我们党不断从胜利走向胜利的成功秘诀，推进中国式现代化必须把这一成功秘诀传承好、运用好、发展好。党的二十大报告着眼于以中国式现代化全面推进中华民族伟大复兴，提出深入实施科教兴国战略、人才强国战略、创新驱动发展战略等一系列重大战略。凡是涉及我国经济、政治、文化、社会、生态、外交、国防和党的建设等全局性的重大问题，都需要从战略上进行思考、研究和筹谋；凡是涉及改革发展稳定工作中的各种重大问题，也都需要从战略上拿出治本之策。因此，要增强战略的前瞻性，准确把握事物发展的必然趋势，敏锐洞悉前进道路上可能出现的机遇和挑战；增强战略的全局性，着眼于解决事关党和国家事业兴衰成败、牵一发而动全身的重大问题，谋划战略目标、制定战略举措、作出战略部署；增强战略的稳定性，战略一经形成就要长期坚持、一抓到底、善作善成。把战略的原则性和策略的灵活性有机结合起来，灵活机动、随机应变、临机决断，在因地制宜、因势而动、顺势而为中把握战略主动。②

3. 正确处理守正与创新的关系

源浚者流长，根深者叶茂。守正与创新相辅相成，体现了不变与变、继承与发展、原则性与创造性的辩证统一。守正不是墨守成规、一成不变，创新不是无本之木、无源之水。只有在创新基础上的守正，才不会故

---

① 《处理好顶层设计与实践探索的关系》，《人民日报》2023年2月21日。
② 《处理好战略与策略的关系》，《人民日报》2023年2月22日。

步自封，才能与时俱进、推陈出新；只有在守正基础上的创新，才不会偏离方向，才能根深叶茂、源远流长。新中国成立后提出建设"四个现代化"，改革开放后提出现代化建设"三步走"战略，党的二十大对全面建成社会主义现代化强国"两步走"战略安排进行宏观展望……朝着社会主义现代化强国目标，我们党守正不渝，创新不止。中国式现代化的探索是一个在继承中发展、在守正中创新的历史过程。要守好中国式现代化的本和源、根和魂，毫不动摇坚持中国式现代化的中国特色、本质要求、重大原则，确保中国式现代化的正确方向。把创新摆在国家发展全局的突出位置，顺应时代发展要求，着眼于解决重大理论和实践问题，大力推进改革创新，不断塑造发展新动能新优势。①

4. 正确处理效率与公平的关系

贫穷不是社会主义，我国仍处于社会主义初级阶段，发展是解决我国一切问题的基础和关键。我们要实现全面建设社会主义现代化国家各项目标任务，必须保持一定的经济增长速度，"发展是硬道理"要继续坚持。贫富悬殊、两极分化也不是社会主义，全体人民共同富裕的现代化，是中国式现代化的本质特征。促进全体人民共同富裕，让所有人都有机会凭自己的能力参与现代化进程，避免贫富悬殊、两极分化，这体现了中国式现代化鲜明的价值底色。但公平要建立在效率的基础上，效率也要以公平为前提才得以持续。只有处理好效率与公平的关系，在做大蛋糕的同时分好蛋糕，才能让现代化建设成果更多更公平惠及全体人民。因此，中国式现代化既要创造比资本主义更高的效率，又要更有效地维护社会公平，更好实现效率公平相兼顾、相促进、相统一。要坚持和完善社会主义基本经济制度，构建全国统一大市场，加快建立社会公平保障体系，深入推进司法体制改革，健全基本公共服务体系，扎实推进共同富裕取得更为明显的实

---

① 《处理好守正与创新的关系》，《人民日报》2023年2月23日。

质性进展。①

5. 正确处理活力与秩序的关系

充分调动人民群众的积极性、主动性、创造性，让创新创造的活力充分涌流、竞相迸发，是我们攻克一个又一个难关、创造一个又一个人间奇迹的重要原因。而世界现代化历程的一般规律表明，一个国家在从传统社会向现代社会转变的过程中，往往都要经历一个社会矛盾和风险的高发期。实践充分表明，只有在秩序的框架下，保持稳定安全的社会环境，才能不断释放经济社会发展活力，汇聚源源不断的发展动力。社会发展需要充满活力，但这种活力又必须是有序活动的。一个现代化的社会，应该既充满活力又拥有良好秩序，呈现出活力和秩序有机统一。今天的中国，是一个活力奔涌的中国，也是一个和谐稳定的中国。以中国式现代化全面推进中华民族伟大复兴，既要以安定有序赢得长远，也要以旺盛活力提供动力。因此，中国式现代化应当而且能够实现活而不乱、活跃有序的动态平衡。这就要深化各方面体制机制改革，充分释放全社会创造潜能，鼓励各方面人才特别是青年人才创新创造，充分调动党员干部干事创业积极性。健全国家安全体系，完善社会治理体系，正确处理新形势下人民内部矛盾，确保人民安居乐业。②

6. 正确处理自立自强与对外开放的关系

正是因为我们坚持独立自主、自力更生，在实现高水平自立自强上迈出坚实步伐，才能够"任凭风浪起，稳坐钓鱼台"，成功应对外部环境变化和各种外部冲击。同时，只有在独立自主的基础上借鉴吸收一切人类优秀文明成果，做到不忘本来、吸收外来，才能更好地开创未来。因此，既坚持独立自主、自立自强，也坚持不断扩大高水平对外开放，在自主中谋求发展、在开放中坚持自主，才能走好自己的路、办好自己的事，在中国

---

① 《处理好效率与公平的关系》，《人民日报》2023年2月24日。
② 《处理好活力与秩序的关系》，《人民日报》2023年2月27日。

与世界各国良性互动、互利共赢中推进中国式现代化事业。这就要求：推进中国式现代化必须坚持独立自主、自立自强，坚持把国家和民族发展放在自己力量的基点上，坚持把我国发展进步的命运牢牢掌握在自己手中，同时坚定扩大对外开放，以开放促改革、促发展。要加快构建新发展格局，坚决打赢关键核心技术攻坚战，维护好经济安全特别是粮食安全、能源安全、产业链供应链安全。不断扩大高水平对外开放，深度参与全球产业分工和合作，用好国内国际两种资源，拓展中国式现代化的发展空间。①

总之，在开启全面建设社会主义现代化强国建设的历史时刻，对中国式现代化道路进行回顾和梳理，既是对近代以来中华民族现代化伟大夙愿的深切回应，又是对中国共产党在百年现代化道路探索不断创造奇迹的有力证明。推进中国式现代化是一个长期任务，还有许多未知领域有待探索。要进一步加强理论研究和实践创新，使我们的认识、政策、举措更加符合客观规律，不断拓展中国式现代化的广度和深度，逐步推进中国式现代化建设的"自由王国"，更好推进强国建设、民族复兴，为人类作出新的更大贡献！

---

① 《处理好自立自强与对外开放的关系》，《人民日报》2023年2月28日。

第三章 坚持和发展中国特色社会主义的总任务

党的二十大报告指出,"从现在起,中国共产党的中心任务就是团结带领全国各族人民全面建成社会主义现代化强国、实现第二个百年奋斗目标,以中国式现代化全面推进中华民族伟大复兴";"中国特色社会主义是实现中华民族伟大复兴的必由之路"。这些重大政治判断为我们指明:坚持和发展中国特色社会主义,总任务是实现社会主义现代化和中华民族伟大复兴,在全面建成小康社会的基础上,分两步走在本世纪中叶建成富强民主文明和谐美丽的社会主义现代化强国,以中国式现代化推进中华民族伟大复兴。

一、"四个现代化"战略目标的提出与实施

历史发展有其规律,只要把握住历史发展大势,抓住历史变革时机,奋发有为,锐意进取,人类社会就能更好前进。社会主义从来都是在奋勇开拓中前进的,必定随着形势和条件的变化而不断向前发展。坚持和发展中国特色社会主义,必须把握时代特点、直面时代课题,在体现时代性、把握规律性、富于创造性中不断展现蓬勃的生机活力。

中国社会主义现代化道路"从哪里来,到哪里去,现在处在什么位置",这是必须回答的基本问题,也是关乎党和国家兴衰成败以及前途命运的最根本问题。中国社会主义现代化道路是中华民族的伟大创造,是中国共产党带领中国人民,科学把握世情、国情、党情的深刻变化,理性思

考民族命运的起承转合，历经长期革命、建设和改革实践，付出各种各样的巨大代价，才得以走出的一条人间正道。

中国特色社会主义道路来之不易，它是在改革开放40多年的伟大实践中走出来的，是在新中国成立70多年的持续探索中走出来的，是在对近代以来170多年中华民族发展历程的深刻总结中走出来的，是在对中华民族5000多年悠久文明的传承中走出来的，具有深厚的历史渊源和广泛的现实基础。

中国社会主义现代化道路的形成发展认真吸取新中国成立前中国现代化进程受挫的经验教训，科学认识当代中国国情和时代特征，科学总结国内外现代化建设特别是苏联社会主义现代化建设的历史经验以及科学认识改革开放实践、总结新鲜经验、呼应人民诉求。这条道路的形成发展深植在中华民族文明史、中国人民抗争史、中国共产党奋斗史、中华人民共和国发展史和改革开放探索史的基础上，适合中国国情、符合中国特点，顺应时代要求、契合人民意愿。

（一）"四个现代化"概念形成

中国共产党建立百年来，团结带领中国人民进行的一切奋斗，就是为了把我国建设成为现代化强国，实现中华民族伟大复兴。以民族复兴为己任的中国共产党登上历史舞台后，就把实现现代化作为不懈奋斗的伟大目标。俄国十月革命为人类开辟了一条新的发展道路，给中国送来了马克思列宁主义，中国的先进分子开始以马克思列宁主义作为观察国家命运的工具，重新考虑自己的问题。毛泽东同志指出："自从中国人学会了马克思列宁主义以后，中国人在精神上就由被动转入主动。"[①] 以毛泽东同志为主要代表的中国共产党人，经过独立思考，把马克思列宁主义普遍真理和中国革命的具体情况相结合，开辟了"农村包围城市、武装夺取政权"的

---

① 《毛泽东选集》第四卷，人民出版社1991年版，第1516页。

第三章
坚持和发展中国特色社会主义的总任务

革命道路，找到了适合中国实际的革命形式和方法，形成了一整套适合中国特点的理论、路线、方针和政策。

毛泽东同志形象而科学地预见，中国革命有两篇文章，上篇是民族民主革命，下篇是社会主义革命，上篇为下篇创造条件。1945年，党的七大明确提出："中国工人阶级的任务，不但是为着建立新民主主义的国家而斗争，而且是为着中国的工业化和农业近代化而斗争。""在新民主主义的政治条件获得之后，中国人民及其政府必须采取切实的步骤，在若干年内逐步地建立重工业和轻工业，使中国由农业国变为工业国。"这是我们党正式提出了发展现代工业、建设工业国、致力于中国工业化的历史任务。正是在这条正确道路指引下，中国人民经过28年的浴血奋战，从开展轰轰烈烈的大革命运动到开辟农村革命根据地的土地革命战争，从领导全民族进行的抗日战争到推翻蒋介石反动政权的解放战争，最终推翻了帝国主义、封建主义和官僚资本主义，建立了中华人民共和国，开辟了中国历史的新纪元，并由此形成了中国社会主义现代化的历史起点。

新中国成立前夕，1949年3月，毛泽东同志在党的七届二中全会上进一步提出由落后的农业国变成先进的工业国的奋斗目标，"在革命胜利以后，迅速地恢复和发展生产，对付国外的帝国主义，使中国稳步地由农业国转变为工业国，把中国建设成一个伟大的社会主义国家"。同年9月，中国人民政治协商会议再次强调，发展新民主主义的人民经济，稳步地变农业国为工业国，提出国家工业化的问题。实现工业化、建设社会主义国家成为新中国成立前夕党内的基本共识。

新中国成立以后，我们党孜孜以求，带领中国人民对中国现代化建设进行了艰辛探索，在提出实现工业化目标基础上进一步提出了实现四个现代化。新中国成立初期，实现由新民主主义向社会主义的历史性转变以及国家工业化问题，成为摆在党和人民面前的现实任务，提出了过渡时期的总路线即"在一个相当长的时期内，逐步实现国家的社会主义工业化，并逐步实现国家对农业、手工业和资本主义工商业的社会主义改造"。明确提出了社会主义工业化的历史任务。按照总路线指引的方向，逐步完成了"三大改造"，基本实现了从新民主主义社会向社会主义社会的历史性过渡。同时，中国在苏联帮助下，集中力量开展由156个重点项目、694个大中型项目组成的工业建设，为社会主义工业化奠定了初步基础。

（二）"四个现代化"战略构想

对于社会主义现代化建设战略目标，党在实践探索中逐步形成了从"国家工业化"到"四个现代化"的战略构想，初步描绘了社会主义现代化蓝图。新中国成立后，首要任务是在恢复国民经济的基础上建立完善的国民经济体系，为中国式现代化奠定经济基础。这一阶段主要通过"四个现代化"的理想目标积极推动工业化，推动我国由农业国向工业国转变。

1953年6月，党提出"一化三改造"的过渡时期总路线，这个"化"就是社会主义工业化。党在确立过渡时期的总路线时，明确规定了党的中心任务，就是要实现国家的工业化和完成社会主义改造，这是使中国摆脱近代以来贫穷落后的基础性任务和战略目标。中国共产党把促进"农业和交通运输业的现代化""建立巩固的现代化国防"写入了党在过渡时期的总路线。1954年9月，毛泽东同志在一届人大一次会议开幕词中提出："准备在几个五年计划之内，将我们现在这样一个经济上文化上落后的国家，建设成为一个工业化的具有高度现代文明程度的伟大的国家。"周恩来同志在这次会上所作的政府工作报告中，首次提出包括现代化的工业、现代化的农业、现代化的交通运输业和现代化的国防在内的"四个现代化"的战略构想。

此后，随着现代化建设陆续展开，"四个现代化"的内容不断调整与完善。经过7年的努力，到1956年，我们党成功开辟了一条适合中国具体实际的社会主义改造道路，社会主义制度在我国基本建立，使中国发生了有史以来最为深刻的社会变革，为生产力发展、经济基础变革、探索现代化道路提供了根本政治前提和制度保障。1956年9月，党的八大通过的党章，把"四个现代化"写进了总纲中："使中国具有强大的现代化的工业、现代化的农业、现代化的交通运输业和现代化的国防。"这是党的政治报告中首次提出"四个现代化"战略目标。1957年，毛泽东同志在《关于正确处理人民内部矛盾的问题》和《在中国共产党全国宣传工作会议上的讲话》中两次提及，"要将我国建设成为一个具有现代工业、现代农业、现代科学文化的社会主义国家"，首次将科学文化纳入社会主义建设的战略目标之内，对现代化的认识和理解更加全面和完整。1959年12月到1960年2月，毛泽东同志在阅读苏联《政治经济学（教科书）》的过程中提出了国防现代化的设想，"建设社会主义，原来要求是工业现代化，农业现代化，科学文化现代化，现在要加上国防现代化"①。

1964年12月，三届全国人大一次会议上，周恩来同志在政府工作报告中提出"我们要在今后建设工作中，进一步认识建设的客观规律以便利用这些规律为我们的社会主义事业服务，把我们的国家建设成为强大的社会主义国家。"在这次政府工作报告中，中国共产党第一次正式和完整地向全国人民提出"四个现代化"的战略目标——"在不太长的历史时期内，把我国建设成为一个具有现代农业、现代工业、现代国防和现代科学技术的社会主义强国，赶上和超过世界先进水平"。其中用"现代科学技术"代替了之前的"现代交通运输"。

中国共产党人在探索建设社会主义道路的过程中，通过反复思考，确定了社会主义现代化蓝图。从此，实现"四个现代化"成为党和国家的奋斗目标。即使在后来的艰难岁月里，它仍是凝聚和团结全国各族人民奋发图强、建设国家的宏伟蓝图和强大精神源泉。再次重申"四个现代化"奋斗目标是1975年1月，周恩来同志在四届全国人大一次会议政府工作报告中提出，"在本世纪内，全面实现农业、工业、国防和科学技术的现代化，使中国国民经济走在世界的前列"，并重申了分两步走、全面实现

---

① 《毛泽东选集》第一卷，人民出版社1999年版，第116页。

"四个现代化"的战略安排。至此,"四个现代化"战略目标的经典表述最终确立。这又一次唤起和鼓舞了全国各族人民为把我国建设成为强大的社会主义国家而努力奋斗的决心和信心。

新中国成立后,在中国这样一个经济文化比较落后的东方国家,建设社会主义是一项前无古人的开创性事业,无论在理论上还是在实践中,都有一个艰辛探索的过程。以毛泽东同志为主要代表的中国共产党人,初步探索了我国社会主义建设的规律,提出要根据中国情况,走自己的道路,试图初步回答建设什么样的社会主义现代化、怎样建设社会主义现代化的问题。在初步探索社会主义现代化道路的过程中,党领导人民,建立了社会主义基本制度,以实现工业化为核心进行了大规模社会主义现代化建设,建立起独立的、比较完整的工业体系和国民经济体系,打下了国家工业化和现代化的物质技术基础,取得了独创性理论成果和一系列重大成就,为新时期开创中国特色社会主义提供了宝贵经验、理论准备、物质基础,尤其在文化建设和国民素质提升领域,基本扫除了文盲,这对于中国的现代化来说,具有划时代的意义。

从1949年到1978年,新中国成立后的30年对中国式现代化道路的实践探索,虽然经历了曲折和磨难,但仍取得了令人鼓舞的伟大成就。我们党领导人民建立起独立的比较完整的工业体系和国民经济体系,有效维护了国家主权和安全,我国社会主义建设事业迈出了坚实步伐,从一个农业大国转变为一个初具规模的工业化国家,为改革开放后推进社会主义现代化建设提供了宝贵经验和物质基础。正如邓小平同志所指出的,"我们毕竟在工农业和科学技术方面打下了一个初步的基础,也就是说,有了一个向四个现代化前进的阵地"①。

(三)"四个现代化"目标深化与拓展

改革开放以来至党的十八大召开是中国式现代化转型阶段,这一阶段

---

① 《邓小平文选》第二卷,人民出版社1994年版,第232页。

第三章
坚持和发展中国特色社会主义的总任务

中国式现代化目标由以"四个现代化"为核心的经济现代化转向经济建设、政治建设扩展到文化建设多方面的现代化。1978年召开的党的十一届三中全会开创了中国改革开放和现代化建设新的历史进程。此后，改革开放的春风吹遍华夏大地，中国经济进入了快车道，开始大步向现代化国家迈进。邓小平同志在改革开放初期就指出，能否实现"四个现代化"，决定着我们国家的命运、民族的命运。他强调"我们党在现阶段的政治路线，概括地说，就是一心一意地搞四个现代化。这件事情，任何时候都不要受干扰，必须坚定不移地、一心一意地干下去"[①]。

1979年12月，邓小平同志在与日本首相大平正芳会谈时，明确提出了"中国式现代化"的概念和目标——小康，并把"四个现代化"量化为："到20世纪末，争取国民生产总值达到人均1000美元，实现小康水平。"邓小平同志把这个目标称为"中国式的四个现代化"，即"小康之家"。随后，他对"两步走"战略步骤进行了适当调整，就是到20世纪末"要达到第三世界中比较富裕一点的国家的水平"。

1982年9月，在党的十二大上，"现代化"第一次进入党代会报告的主题。邓小平同志在党的十二大开幕词中提出，"走自己的路，建设有中国特色的社会主义"，这为开创中国式现代化道路指明了方向。党的十二大在沿用"四个现代化"——"逐步实现工业、农业、国防和科学技术现代化"提法的同时，提出"把我国建设成为高度文明、高度民主的社会主义国家"。

随着改革开放的推进，我们党更加清醒地认识到中国现代化建设的长期性和艰巨性。在科学分析国际国内形势、深刻总结历史经验教训的基础上，党对我国社会主义现代化建设重新进行部署。1987年，在党的十三大报告中共有45处提到"现代化"，"四个现代化"奋斗目标诞生了新的提法，正式提出"富强、民主、文明"三个基本目标："把我国建设成为

---

① 《邓小平文选》第二卷，人民出版社1994年版，第276页。

富强、民主、文明的社会主义现代化国家",把社会主义现代化的奋斗目标从经济建设、政治建设进一步拓展到文化建设。1992年,党的十四大报告则从标题开始,59处出现了"现代化",提出"我国底子薄,目前处在实现现代化的创业阶段","力争经过二十年的努力,使广东及其他有条件的地方成为我国基本实现现代化的地区"。1997年,党的十五大提出"东部地区要充分利用有利条件,在推进改革开放中实现更高水平的发展,有条件的地方要率先基本实现现代化",把"有条件的地方要率先基本实现现代化"作为"基本实现现代化"的重要补充。

进入21世纪,我国实现了"三步走"发展战略的第一、第二步,人民生活总体上达到小康水平,实现了从温饱到小康的历史性跨越,进入全面建设小康社会、加快推进社会主义现代化的新发展阶段。党的十六大提出,"要在本世纪头二十年,集中力量,全面建设惠及十几亿人口的更高水平的小康社会"。把"全面建设惠及十几亿人口的更高水平的小康社会"作为"基本实现现代化"的一个重要阶段性目标和步骤。党的十七大对我国发展提出了新的更高要求,提出"建设富强民主文明和谐的社会主义现代化国家"的任务,这是现代化内涵和战略发展目标的再次拓展和重大提升。党的十八大在作出"到2020年实现全面建成小康社会"庄严承诺的同时,进一步提出要"促进现代化建设各方面相协调",现代化的内涵更为丰富。

党的十八大以来,中国特色社会主义进入新时代,引领中国式现代化迈向全面建设社会主义现代化国家新征程,进一步深化对现代化的认识。党中央提出了新时代全面建设社会主义现代化强国的战略任务。党的十九大对新时代推进我国社会主义现代化作出"两步走"新战略顶层设计。党的十九届五中全会提出了基本实现国家治理体系和治理能力现代化,并且描绘了基本实现现代化的新蓝图。我国进入新发展阶段,对现代化的认识也在进一步深化。国家治理体系和治理能力现代化是从上层建筑的层面来为中国式现代化奠定制度基础,减少新阶段现代化前进道路上的阻碍。

第三章
坚持和发展中国特色社会主义的总任务

党的二十大制定了当前和今后一个时期党和国家的大政方针，描绘了以中国式现代化全面推进中华民族伟大复兴的宏伟蓝图。中国式现代化，是中国共产党领导的社会主义现代化，既有各国现代化的共同特征，更有基于自己国情的中国特色。中国式现代化是人口规模巨大的现代化，是全体人民共同富裕的现代化，是物质文明和精神文明相协调的现代化，是人与自然和谐共生的现代化，是走和平发展道路的现代化。坚持中国共产党领导，坚持中国特色社会主义，实现高质量发展，发展全过程人民民主，丰富人民精神世界，实现全体人民共同富裕，促进人与自然和谐共生，推动构建人类命运共同体，创造人类文明新形态，是中国式现代化的本质要求。

社会主义现代化是中国共产党始终践行的奋斗目标之一，也是中国人民的理想与夙愿。从"四个现代化"到全面建设社会主义现代化国家，从第一个五年计划到第十四个五年规划，从总体小康到全面小康，我们党一以贯之推进社会主义现代化建设，成功走出了中国式现代化道路。

二、"三步走"战略的提出与推进

制定切实可行的发展战略是中国共产党治国理政的一条宝贵经验。"三步走"战略萌芽于新中国成立前后实现国家现代化的初步构想，经历了一个逐步发展和完善的过程。"三步走"发展战略把我国社会主义现代化建设目标具体化为清晰可靠、切实可行的"时间表"和"路线图"，展现了美好的前景，统一了全党和全国人民的意志，成为全国各族人民为实现社会主义现代化国家和中华民族伟大复兴的共同理想而努力奋斗的行动纲领。

（一）"两步走"设想

党的七届二中全会就提出了把我国由农业国变为工业国，实现国家现代化的构想。中华人民共和国成立以后，中国共产党曾提出在20世纪内，分两步把我国建设成为"四个现代化"的社会主义国家的构想。1964年12月，周恩来同志根据毛泽东同志的建议在三届全国人大一次会议报告中明确提出了实现"四个现代化"目标的"两步走"战略步骤。"从第三个五年计划开始，我国的国民经济发展，可以按两步来考虑：第一步，建立一个独立的比较完整的工业体系和国民经济体系；第二步，全面实现农业、工业、国防和科学技术的现代化，使我国经济走在世界的前列。"[①] 1975年1月，周恩来同志在四届全国人大一次会议上，再次强调"两步走"战略设想，并作了相应的时间界定。

党的十一届三中全会以后，邓小平同志进一步思考如何从处在社会主义初级阶段的基本国情出发，加快我国的现代化建设问题。1979年3月，他强调现在搞建设，也要适合中国情况，走出一条中国式的现代化道路。同年10月，他第一次提出要修改原先确定的现代化的具体目标，"我们开了大口，本世纪末实现四个现代化。后来改了个口，叫中国式的现代化，就是把标准放低一点。特别是国民生产总值，按人口平均来说不会很高"[②]。同年12月，他第一次提出了"小康"这个中国式的现代化概念。"到本世纪末，中国的四个现代化即使达到了某种目标，我们的国民生产总值人均水平还是很低的。要达到第三世界中比较富裕一点的国家的水平，比如国民生产总值人均一千美元，也还得付出很大的努力。就算达到那样的水平，同西方来讲，也还是落后的。"[③] 这是务实的表现，也是总结中国发展经验教训的结果。

1981年1月，邓小平同志在中共中央干部会议上的讲话中进一步提出了要把今后二十年分成两个十年实现中国式现代化的战略设想。同年4月，在会见日中友好议员联盟访华团时，邓小平同志再次向客人介绍了经

---

① 《周恩来选集》下卷，人民出版社1984年版，第439页。
② 《邓小平文选》第二卷，人民出版社1994年版，第194页。
③ 《邓小平文选》第二卷，人民出版社1994年版，第237页。

济战略构想:"经过我们的努力,设想十年翻一番,两个十年翻两番,就是达到人均国民生产总值一千美元。"

1982年9月,党的十二大正式确立到20世纪末翻两番实现小康社会的战略目标。党的十二大报告指出:"从1981年到本世纪末的20年,我国经济建设总的奋斗目标是,在不断提高经济效益的前提下,力争使全国工农业总产值翻两番,即由1980年的7100亿元增加到2000年的28000亿元左右。实现了这个目标,城乡人民的收入将成倍增长,人民的物质文化生活将达到小康水平。"报告同时指出,为了实现二十年的奋斗目标,在战略部署上要分两步走:前十年主要是打好基础,积蓄力量,创造条件;后十年要进入一个新的经济振兴时期。此后,"翻两番,奔小康"成为全党和全国各族人民关注和议论的热点问题。

社会主义现代化的战略目标的确立和分"两步走"战略步骤的设想,使社会主义的建设目标以"四个现代化"的形式清晰地展现在全国人民面前。这是党在领导社会主义建设进程中作出的重大决策,是中国共产党人探索中国社会主义现代化建设规律的初步成果,成为后来实现我国现代化建设目标"三步走"发展战略的先声。

(二)"三步走"发展战略

随着实践的发展,"两步走"发展为"三步走"的战略步骤。邓小平同志在1984年10月会见参加中外经济合作问题讨论会中外代表时的讲话中指出:达到小康水平只是中国一个阶段性的宏伟目标,我们还要在此基础上分两步力争逐步接近世界发达国家水平。"第一步是实现翻两番,需要二十年,还有第二步,需要三十年到五十年,恐怕是要五十年,接近发达国家的水平。两步加起来,正好五十年到七十年。"这就为后来完整提出"三步走"战略作了准备。

1987年党的十三大召开前夕,邓小平同志第一次提出了分"三步走"基本实现现代化的战略:"我国经济发展分三步走,二十世纪走两步,达到温饱和小康,二十一世纪用三十年到五十年时间再走一步,达到中等发达国家水平。"① 根据邓小平同志的战略构想和中国国情,同年10月,党的十三大正式确定了"三步走"的发展战略,明确提出:"第一步,从1981年到1990年,实现国民生产总值比1980年翻一番,解决人民的温饱问题;第二步,从1991年到20世纪末,使国民生产总值再翻一番,人民生活达到小康水平;第三步,到21世纪中叶,人均国民生产总值达到中等发达国家水平,人民生活比较富裕,基本实现现代化。"其中第三步中,首次提出"基本实现现代化"的概念,并提出了具体标准,内涵比"四个现代化"更为丰富。

中国共产党提出现代化建设"三步走"发展战略,在开创中国式现代化道路上迈出重要一步。"三步走"发展战略最鲜明的特点,就是用"温饱""小康""中等发达"等词汇同人民生活联系起来,充分体现了"提高人民生活水平,最终达到共同富裕"社会主义生产的根本目的。"三步走"战略先后被纳入党的十三大和十四大决议,为全党全国各族人民一致认同。

(三) 新"三步走"战略

在邓小平同志南方谈话提出一系列新论断的基础上,1992年10月,江泽民同志在党的十四大报告中首次对"三步走"战略步骤进行了创新,提出了近期和长远的三个步骤,即"在九十年代,我们要初步建立起新的经济体制,实现达到小康水平的第二步发展目标。再经过二十年的努力,到建党一百周年的时候,我们将在各方面形成一整套更加成熟更加定型的制度。在这样的基础上,到下世纪中叶建国一百周年的时候,就能够达到第三步发展目标,基本实现社会主义现代化"。

1997年,我国在提前实现了"三步走"战略的第一步和第二步战略

---

① 《邓小平文选》第三卷,人民出版社1993年版,第251页。

第三章
坚持和发展中国特色社会主义的总任务

目标之后，党的十五大提出"必须在社会主义条件下经历一个相当长的初级阶段，去实现工业化和经济的社会化、市场化、现代化。这是不可逾越的历史阶段"。大会首次明确提出在社会主义初级阶段建设有中国特色社会主义的经济、政治和文化的基本纲领。大会把"三步走"战略的第三步进一步具体化、阶段化，提出了新"三步走"发展战略，即"二十一世纪第一个十年，实现国民生产总值比二〇〇〇年翻一番，使人民的小康生活更加宽裕，形成比较完善的社会主义市场经济体制"；并确立了建党一百年和建国一百年时的奋斗目标，再经过十年的努力，到中国共产党建党一百年时，使国民经济更加发展，各项制度更加完善，到二十一世纪中叶新中国成立一百年时，基本实现现代化，建成富强民主文明的社会主义国家。

新"三步走"发展战略是对"三步走"发展战略步骤的进一步发展，是对第三步发展战略提出一个分阶段实施的纲要，实际上是"大三步"里包含"小三步"。具体来讲，到2010年是第一步，到2020年是第二步，到2050年是第三步。在实践的战略目标实现中，我国在20世纪末已进入了小康社会，但这个小康是低水平的、不全面的、发展很不平衡的小康。

2002年11月，党的十六大召开，大会上重申了新"三步走"，进一步提出要在21世纪头20年，全面建设惠及十几亿人口的更高水平的小康社会，使经济更加发展、民主更加健全、科教更加进步、文化更加繁荣、社会更加和谐、人民生活更加殷实，并提出了全面建设小康社会的目标：在优化结构和提高效益的基础上，国内生产总值到2020年力争比2000年翻两番，综合国力和国际竞争力明显增强。2007年，党的十七大又根据国内外形势发展变化，对实现全面建设小康社会目标提出了"新的更高要求"：实现人均国内生产总值到2020年比2000年翻两番。

新"三步走"发展战略，对中华民族百年图强的宏伟目标作了积极而稳妥的规划，为中国特色社会主义全面推向21世纪规划了蓝图，把我国社会主义现代化建设目标具体化为切实可行的步骤，使中国社会主义现代化的战略步骤及发展思路更加清晰、更为完善。

三、"两个一百年"奋斗目标与新时代"两步走"战略

一百年,在人类历史上只是一个短暂的片段,然而对中华民族而言,却是一场由衰转盛、奋起复兴的波澜壮阔伟大征程。我们党在领导革命、建设、改革的各个历史时期,总是与时俱进提出新的奋斗目标,引领党和国家事业不断迈上新台阶。新中国成立不久,我们党就提出建设社会主义现代化国家的目标,经过十四个五年规划(计划),已经为实现这个目标奠定了坚实基础。

(一)"两个一百年"奋斗目标的提出

"建设什么样的社会主义现代化、怎样建设社会主义现代化"一直是我们党思考的重大问题。改革开放以后,经过多年的实践探索,党的十五大首次明确提出了"两个一百年"奋斗目标。党的十六大将"两个一百年"奋斗目标写进了党章。进入新时代,党的十九大又对"两个一百年"奋斗目标进行了丰富发展,提出了"建设富强民主文明和谐美丽的社会主义现代化强国"的新战略,并制定了具体方案,对"两个一百年"奋斗目标提出了新的目标要求和系统设计。

1987年10月,党的十三大首次提出社会主义初级阶段理论,明确了党在社会主义初级阶段的基本路线"一个中心、两个基本点",即"领导和团结全国各族人民,以经济建设为中心,坚持四项基本原则,坚持改革开放,自力更生,艰苦创业,为把我国建设成为富强、民主、文明的社会主义现代化国家而奋斗。"大会首次使用了"建设有中国特色的社会主义道路"这一提法,并首次提出了我国社会主义现代化建设的"三步走"战略,由此拉开了规划时间跨越70年,气势雄伟的中国社会主义现代化建设"三步走"战略。

第三章
坚持和发展中国特色社会主义的总任务

1997年9月,党的十五大召开。大会首次使用邓小平理论这一科学概念,明确了邓小平理论的历史地位和指导意义,进一步阐述了社会主义初级阶段理论。大会首次提出了党在社会主义初级阶段的基本纲领以及新的战略安排,首次明确提出在社会主义初级阶段建设有中国特色社会主义的经济、政治和文化的基本纲领,首次提出了"两个一百年"奋斗目标。

2002年11月,党的十六大召开。我们党在提前完成解决温饱、人民生活总体达到小康水平的基础上,针对低水平、不全面、发展不平衡的小康社会发展现实,提出全面建设小康社会的战略目标和历史使命。大会明确提出21世纪头20年全面建设小康社会的奋斗目标,作出"集中力量,全面建设惠及十几亿人口的更高水平的小康社会"的战略部署,首次为"第一个百年"奋斗目标作出规划设计。

2007年10月,党的十七大提出了实现全面建设小康社会奋斗目标的新要求,作出了增强发展协调性、扩大社会主义民主、加强文化建设、加快发展社会事业和建设生态文明的新部署。这是在党的十六大确立的目标基础上,第二次就"第一个百年"奋斗目标作出规划设计。

2012年11月,党的十八大召开,习近平同志当选中共中央总书记,并成为党中央的核心、全党的核心,带领全党全国各族人民在新的伟大实践中开启了一个新时代。党的十八大发出了向"两个一百年"奋斗目标进军的时代号召,在新的历史条件下描绘了全面建成小康社会的宏伟蓝图,成为社会主义现代化建设的一个重要里程碑。由此,中国社会主义现代化道路发展进程进入全面深化阶段。

2017年10月,党的十九大站在新的更高的历史起点上,综合分析国际国内形势和我国发展条件,既对决胜全面建成小康社会、实现第一个百年奋斗目标提出明确要求,又将实现第二个百年奋斗目标分为两个阶段安排:第一个阶段,从2020年到2035年,在全面建成小康社会的基础上,再奋斗15年,基本实现社会主义现代化;第二个阶段,从2035年到本世纪中叶,在基本实现现代化的基础上,再奋斗15年,把我国建成富强民主文明和谐美丽的社会主义现代化强国。到那时,我国物质文明、政治文明、精神文明、社会文明、生态文明将全面提升,实现国家治理体系和治理能力现代化,成为综合国力和国际影响力领先的国家,全体人民共同富裕基本实现,我国人民将享有更加幸福安康的生活,中华民族将以更加昂扬的姿态屹立于世界民族之林。

"两个一百年"奋斗目标的生成并不是偶然的,有其内在深厚的生成逻辑。中华优秀传统文化为"两个一百年"奋斗目标提供了最深沉的文化滋养,为走中国道路提供了最根本的精神支撑,它所具有的自强不息、求真务实、追求大同的民族气质和民族精神,推动着中华民族攻坚克难、砥砺前行的步伐。红色革命文化蕴含的"独立、民主、求强、求富"的理想追求,为实现人民当家作主和确立社会主义制度进而向着国富民强的复兴之路前进提供了最直接的内在动力。

在反思和总结社会主义建设的经验教训中,中国共产党紧紧围绕"使中华民族来一个大翻身"的民族复兴思想,结合新的时代条件和实践需求,形成了毛泽东思想、邓小平理论、"三个代表"重要思想、科学发展观、习近平新时代中国特色社会主义思想,体现了新的时代条件下中国共产党人带领全国人民在进行伟大斗争、建设伟大工程、推进伟大事业、实现伟大梦想进程中的理论勇气和创新魄力,这些理论成为"两个一百年"奋斗目标最切实、最科学的行动指南。

人民群众的现实诉求为"两个一百年"奋斗目标提供了根本动力。"人民是历史的创造者",只有坚持人民的主体地位,把人民的利益需求完整地呈现出来,才能实现人类社会的发展。"两个一百年"奋斗目标为我们理清了发展思路、指明了发展方向、找准了发展着力点,充分体现了理想和现实的统一、主体和客体的统一、发展目的和发展手段的统一,既是中国共产党人对人民群众现实诉求的积极回应,也是对人民群众历史地位深刻认识的集中表现,更是遵循社会历史发展规律的结果。

唯物辩证法为"两个一百年"奋斗目标提供了根本遵循。矛盾是事物发展的根本动因，学习掌握事物矛盾运动的基本原理，不断强化问题意识，积极面对和化解前进中遇到的矛盾，才能为实现"两个一百年"奋斗目标提供根本的方法论保障。为此，我们必须统筹好各方面因素，兼顾好各方面利益，协调好各方面关系，加强各领域的关联性、协同性，只有这样，才能完整全面地反映和把握整个社会的发展要求和方向。

人的全面发展为"两个一百年"奋斗目标提供了价值指向。人的全面发展是人类社会的最高价值理想，每个时代不断创造的物质和精神财富都为人的全面发展奠定基础。尽管"两个一百年"奋斗目标作为新时代我们党为实现中华民族伟大复兴的中国梦提出的阶段性目标，但其价值指向却是为了最终实现人的全面发展而积累财富，因此，"两个一百年"奋斗目标既体现我们当前的共同追求，又体现为人的全面发展的必然要求。

（二）第一个百年奋斗目标的实现

全面建成小康社会，是我国社会主义现代化的必经阶段，是全面建设社会主义现代化国家的必要准备。党的十八大描绘了从奔小康到全面建成小康社会的清晰图景，对 21 世纪上半叶的社会主义现代化总任务作出了正式概括。这是我们党第三次对全面建设小康社会目标进行设计，这次设计也包含了生态文明建设的具体目标。党的十八大报告首次将生态文明建设独立成章加以阐述，提出"建设美丽中国"的新要求，并对生态文明建设作出战略部署，回应了人民群众对良好生存环境的呼唤。这标志着我们党正式将生态文明建设置入中国社会主义现代化建设的总体布局，由之前的"四位一体"发展成为"五位一体"总体布局。

党的十八大以来，中国特色社会主义进入新时代，中华民族伟大复兴展现出更加光明的前景。中国特色社会主义新时代，是承前启后、继往开来、在新的历史条件下继续夺取新时代中国特色社会主义伟大胜利的时代，是全国各族人民团结奋斗、不断创造美好生活、逐步实现全体人民共同富裕的时代，是全体中华儿女勠力同心、奋力实现中华民族伟大复兴中国梦的时代，是我国日益走近世界舞台中央、不断为人类作出更大贡献的时代。

党的十八大以来，我们党始终牢记初心使命，矢志不渝、努力奋斗，一以贯之地推进社会主义现代化建设，提出了中国梦、"四个全面"战略布局、国家治理体系和治理能力现代化、现代化经济体系、人与自然和谐共生的现代化等现代化发展的新视角、新领域、新内涵，并着眼新的发展实践，积极认识和引领新常态，推进全面深化改革，提出了新发展理念，创立了习近平新时代中国特色社会主义思想，不断丰富和完善中国社会主义现代化道路，中国社会主义现代化建设进入以"强起来"为主要内涵的新征程。统筹推进"五位一体"总体布局和协调推进"四个全面"战略布局是中国社会主义现代化建设的新布局。新布局是对中国社会主义现代化道路探索的凝练和重构，是支撑伟大斗争、伟大工程、伟大事业、伟大梦想的"四梁八柱"，是新的历史条件下我们党治国理政的顶层设计和主要方略。

2015年10月，党的十八届五中全会专题研究了全面建成小康社会若干重大问题，围绕国民经济和社会发展第十三个五年规划作出部署，并围绕"在新的历史起点上实现什么样的发展、怎么发展"这个重大时代课题，提出了创新、协调、绿色、开放、共享的新发展理念。新发展理念准确把握了决定当代中国发展的主要的矛盾和主要的矛盾方面，深化了中国特色社会主义发展理论，拓展了中国特色社会主义现代化的现实路径，为我国发展培育了新动力、拓展了新空间，为全面建成小康社会进而建设社会主义现代化强国提供了先进的思想引领。

全面建成小康社会是对小康社会的整体提升和全面超越，是中国社会主义现代化建设进程中十分重要的阶段性目标，其中农村贫困人口全部脱贫是一项基本标志。消除贫困、改善民生、实现共同富裕，是社会主义的本质要求，是我们党的重要使命。党的十八大以来，我们党组织实施了人类历史上规模最大、力度最强的脱贫攻坚战，全面建成了人类有史以来惠及人口最多、规模体量最大的小康社会。打赢脱贫攻坚战，为实现第一个百年奋斗目标打下了坚实基础，巩固了我们党的执政根基，巩固了中国特色社会主义制度，在中华民族几千年发展史上首次整体消除了绝对贫困现象，极大增强了人民群众的获得感、幸福感和安全感。解决了绝对贫困问题，让中国人民普遍过上比较富裕的生活，大大提升了人类社会整体发展水平，为人类减贫事业作出了历史性贡献。几千年来困扰中华民族的绝对贫困问题历史性地得到解决，书写了人类发展史上的伟大传奇。

（三）新时代"两步走"战略：向第二个百年奋斗目标进军

历史的车轮滚滚向前，奋进的步伐永不停息。实现现代化是一场接力跑，中国已经跑出了一个好成绩，实现第一个百年奋斗目标后，我国进入新发展阶段，乘势而上开启全面建设社会主义现代化国家新征程，向着第二个百年奋斗目标进军。习近平总书记指出："进入新发展阶段，是中华民族伟大复兴历史进程的大跨越。"[①] 这一跨越标志着中华民族在实现全面小康的千年梦想之后，踏上朝着更加宏伟目标奋进的新征程，在我国发展进程中具有里程碑意义。

2017年10月，党的十九大召开，这次大会是决胜全面建成小康社会的关键节点，是中国社会主义现代化事业发展的又一重要里程碑。党的十九大对中国现代化发展的历史方位作出新判断，并据此提出社会主要矛盾转化的新判断："经过长期努力，中国特色社会主义进入了新时代。"党的十九大最重大的理论成果是创立习近平新时代中国特色社会主义思想，并对其作出深刻论述，明确其指导思想地位。党的十九大还提出了新时代党的基本方略，这是习近平新时代中国特色社会主义思想的重要组成部分。

在习近平新时代中国特色社会主义思想的指引下，党的十九大对新时代推进我国社会主义现代化建设作出新的顶层设计，作出分"两步走"全

---

① 《习近平谈治国理政》第四卷，外文出版社2022年版，第151页。

面建成社会主义现代化强国的战略安排。新时代"两步走"战略安排，是我们党在综合分析我国发展的国际国内环境、现有发展条件和未来走势基础上作出的重大决策，既顺应了人民对美好生活的期待，体现了我们党高度自觉的历史担当和使命追求，也反映了我国发展实际，具有可行性。

新时代"两步走"战略安排，既是一个鼓舞人心的宏伟蓝图，又是一个不懈奋斗的历史进程，是立足于中国特色社会主义新时代的部署，是我们党在综合分析我国发展的国际国内环境、现有发展条件和未来走势基础上作出的重大决策。既顺应了人民对美好生活的期待，体现了我们党高度自觉的历史担当和使命追求；也反映了我国发展实际，具有可行性。这一战略安排务实前瞻、承前启后，擘画了社会主义现代化建设新的路线图，赋予了中国社会主义现代化道路新的时代内涵，成为中华民族从站起来、富起来到强起来的战略引领。

党的十九届四中、五中、六中全会进一步明晰了我国基本实现社会主义现代化的宏伟蓝图。尤其是党的十九届五中全会对"十四五"时期我国经济社会发展作出系统谋划和战略部署，清晰展望了2035年基本实现社会主义现代化的远景目标。2020年10月，党的十九届五中全会审议通过了《中共中央关于制定国民经济和社会发展第十四个五年规划和二〇三五年远景目标的建议》。按照党的十九大对实现第二个百年奋斗目标作出的分两个阶段推进的战略安排，综合考虑未来一个时期国内外发展趋势和我国发展条件，建议提出了到2035年基本实现社会主义现代化的新的奋斗目标。

发展步伐驰而不息，新征程上势不可当。从第一个五年计划到第十四个五年规划，从总体小康到全面小康，从四个现代化到全面建成社会主义现代化国家，一以贯之的主题是把我国建设成为社会主义现代化强国。我们走过弯路，也遭遇过一些意想不到的困难和挫折，但建设社会主义现代化国家的意志和决心始终没有动摇。在这个过程中，我们党对建设社会主义现代化国家在认识上不断深入、在战略上不断成熟、在实践上不断丰富，加速了我国现代化发展进程，为新发展阶段全面建设社会主义现代化国家奠定了实践基础、理论基础和制度基础。每一个历史时期都有时代赋予的使命和任务，每一代人都有党和人民寄予的希望和责任，每一代人都要接好接力棒、跑出好成绩，走稳奋进路、交好赶考卷，坚定信心、同心同德，埋头苦干、奋勇前进。

第四章 开启全面建设社会主义现代化国家新征程

正确认识党和人民事业所处的历史方位和发展阶段，是我们党明确阶段性中心任务、制定路线方针政策的根本依据。社会主义初级阶段是一个动态、积极有为、始终洋溢着蓬勃生机活力的过程，是一个阶梯式递进、不断发展进步、日益接近质的飞跃的量的积累和发展变化的过程。党的十八大以来，中国特色社会主义进入新时代，社会主义现代化建设进入了新阶段。新发展阶段是社会主义初级阶段中的一个阶段，同时是其中经过几十年积累、站到了新的起点上的一个阶段。我国进入新发展阶段，体现了社会主义事业和现代化建设连续性和阶段性的统一。

2022年10月，习近平总书记在党的二十大报告中庄严宣告全党"从现在起"的中心任务："团结带领全国各族人民全面建成社会主义现代化强国、实现第二个百年奋斗目标，以中国式现代化全面推进中华民族伟大复兴。"党的二十大锚定社会主义现代化强国目标，对全面建成社会主义现代化强国"两步走"战略安排进一步作了部署，再次明确了"从2020年到2035年基本实现社会主义现代化；从2035年到本世纪中叶把我国建成富强民主文明和谐美丽的社会主义现代化强国"的全面建成社会主义现代化强国总的战略安排。这一战略安排也被写入了《中国共产党章程》。中国式的现代化道路，中国特色的社会主义事业发展开启了新征程。

2020年10月，中共十九届五中全会审议通过了《中共中央关于制定国民经济和社会发展第十四个五年规划和二〇三五年远景目标的建议》，标志着全面建成小康社会，实现了第一个百年奋斗目标，开启了全面建设社会主义现代化国家新征程。全面建成小康社会是中国式现代化道路中的卓越实践,回顾小康社会的建设历程,对今后推进中国式现代化进程,实现第二个百年奋斗目标具有重要的价值。

一、在中国大地上全面建设小康社会

(一) 小康社会的历史演进

1. 从"小康"到"小康社会"

(1)"小康"思想的渊源。"小康"作为一种社会状态的说法古已有之。学术界一般认为"小康"出自《诗经》,在《诗经·大雅·民劳》中有"民亦劳止,汔可小康"的诗句。这里的"小康"原意指的是一种舒适安定的生活状态。自古以来,代表着人们对生活的康乐追求、小富即安的朴素愿望,其中也蕴含着儒家的中庸思想。东汉何休所著作《春秋公羊解诂》中,将《礼记》中的"大同"和"小康"的说法发展为他的"三世说",认为社会发展是由"衰乱世"经由"升平世"直至进入"太平世","小康"相当于"升平世"的状态,"小康"至此已经具有了理论化的雏形。晚清康有为将《春秋公羊传》中的"三世"思想与社会进化论结合起来,提出了"升平小康"的愿景。沿古至今,"小康"蕴含了传统社会人民对于生活舒适安康的美好向往。

(2)现代"小康社会"概念的酝酿。今天,"小康社会"已经是一个家喻户晓的概念。回溯历史我们可以看到,"小康社会"概念的提出也是一个演进过程,它不仅吸收借鉴了中华优秀传统文化,同时也融入了中国共产党的现代化理论,更是顺应了时代的发展,反映了人民的诉求。

早在抗日战争时期,毛泽东同志就提出把旧中国变为新中国、实现政治上自由和经济上繁荣的构想。新中国成立后,毛泽东同志总结了社会主义改造和"一五"计划建设中积累的经验,提出要将我国建设成为一个强大的社会主义国家,必须探索一条适合中国国情的、有利于社会主义建设

第四章
开启全面建设社会主义现代化国家新征程

的道路。为实现这个理想，20世纪五六十年代，中国共产党提出了实现"四个现代化"的宏伟目标。这些关于国家长期发展目标的制定，为"小康社会"概念的提出酝酿了条件。

1979年12月，邓小平同志会见来访的时任日本首相大平正芳时提出了"小康之家"的概念。"小康之家"的提出表明邓小平同志清醒地认识到，当时的中国与西方发达国家存在巨大的差距。这是"小康"两字首次出现在中共领导人的话语中，把"小康"作为衡量中国现代化的一个标准。随后，"小康"一词的使用逐渐增多，并派生出了一些相关的概念，如"小康状态""小康水平""小康状态""小康社会""小康国家"等。

（3）"小康社会"的提出与"三步走"战略。1982年9月，党的十二大将"使人民的物质文化生活达到小康水平"确定为经济建设的目标，"小康"首次被写入了党代会报告中。随着改革开放的继续深入，"小康"作为一个标志经济水平的概念，已经不能承载国家发展的需要，迫切需要对其内涵加以拓展。

1984年3月，邓小平同志在与来访的时任日本首相中曾根康弘的会谈中，首次提出"小康社会"的概念。他指出："翻两番，国民生产总值人均达到八百美元，就是到本世纪末在中国建立一个小康社会。这个小康社会，叫做中国式的现代化。翻两番，小康社会，中国式的现代化，这些都是我们的新概念。""小康社会"拓宽了"小康"作为经济发展的诉求，成为对"中国式现代化"的形象诠释。

1987年4月30日，邓小平同志在会见来访的时任西班牙副首相格拉时，明确提出中国基本实现社会主义现代化要采取"三步走"战略："第一步在八十年代翻一番。以一九八〇年为基数，当时国民生产总值人均只有二百五十美元，翻一番，达到五百美元。第二步是到本世纪末，再翻一番，人均达到一千美元。实现这个目标意味着我们进入小康社会，把贫困的中国变成小康的中国。那时国民生产总值超过一万亿美元，虽然人均数还很低，但是国家的力量有很大增加。我们制定的目标更重要的还是第三步，在下世纪用三十年到五十年再翻两番，大体上达到人均四千美元。做到这一步，中国就达到中等发达的水平"。这一战略构想对小康社会的阶段性目标作出规划，清晰地勾画出了建设小康社会的路线，小康社会和中国式现代化的实现有了时间表和路线图。

邓小平同志对小康社会和中国式现代化的谋划，进一步丰富了小康社会和中国式现代化的内涵。自此，中国共产党领导人民正式开启了建设小康社会的伟大历程。

2. 从"总体小康"到"全面建设小康社会"

（1）总体小康的实现。1997年9月，党的十五大召开，江泽民同志代表党中央提出了一个新的"三步走"战略。新"三步走"战略使建设小康社会更加具体化、更具操作性。

从20世纪90年代开始，我国改革开放和社会主义现代化建设进展迅速，1995年我国已经提前实现了国民生产总值翻两番的战略目标。到2000年，"九五"计划的圆满完成，标志我国社会主义现代化建设第二步战略目标已经实现。党的十六大报告指出："经过全党和全国各族人民的共同努力，我们胜利实现了现代化建设'三步走'战略的第一步、第二步目标，人民生活总体上达到小康水平。这是社会主义制度的伟大胜利，是中华民族发展史上一个新的里程碑。"总体小康的实现为第三步战略目标的实现奠定了基础。

（2）全面建设小康社会。2001年7月，在庆祝中国共产党成立80周年大会上的讲话中，江泽民同志代表党中央宣告："我国已进入了全面建设小康社会、加快推进社会主义现代化的新的发展阶段。"由此正式提出了"全面建设小康社会"。"全面建设小康社会"的奋斗目标就是要在"总体上达到了小康水平"的基础上，继续丰富"小康社会"的内涵，扩大"小康社会"覆盖面，确保全体人民都能够受惠于"小康社会"建设取得的成果。

2007年10月，党的十七大召开，胡锦涛同志作了题为《高举中国特

第四章
开启全面建设社会主义现代化国家新征程

色社会主义伟大旗帜 为夺取全面建设小康社会新胜利而奋斗》的报告。对全面建设小康社会的目标提出了新的要求。党的十七大报告指出:"今后五年是全面建设小康社会的关键时期。我们要坚定信心,埋头苦干,为全面建成惠及十几亿人口的更高水平的小康社会打下更加牢固的基础。"

从 2002 年到 2012 年十年间,中国共产党领导中国人民跨越了"总体小康"阶段、开启了"全面建设小康社会"的重要时期。

3. 从"全面建成小康社会"到决胜"全面建成小康社会"

(1)全面建成小康社会的提出。2007 年,党的十七大对全面建成小康社会作出了新的部署,其中最重要的是"确保到 2020 年实现全面建成小康社会宏伟目标","全面建成小康社会"被首次提出。党的十八大以来,全面深化改革展开多点突破、纵深推进,全面建成小康社会的成就达到了新高度。通过对"小康社会"建设 30 多年来的经验总结,习近平总书记对"小康社会"的内涵进行了完善,并对新时代如何"全面建成小康社会"提出了新的目标,明确了新的要求,"全面建成小康社会"成为新时代最宏大、最引人注目的社会实践。

(2)全面建成小康社会的内涵。"全面建成小康社会"与"全面建设小康社会"虽然只有一字之差,却是一个重要的转变,意义深远。由"建设"到"建成"意味着中国共产党向全国人民作出了庄严承诺,并必将兑现承诺。

全面建成小康社会能够实现"质"的飞跃的现实基础在于,"社会主要矛盾"已经发生了根本性的变化。"小康社会"建设已经取得的成果较为充分地满足了人民的物质文化需要,人民的需要转移到了更高的层次——对美好生活的向往。这个转变形成了倒逼,要求我们在全面建成小康社会的过程中,必须要抓住发展机遇,深化重要领域改革,要着力解决经济社会发展中存在的不平衡、不协调、不可持续问题。这意味着"全面建成小康社会"要对"全面建设小康社会"的目标的进一步拓展和深化。"全面建成小康社会,强调的不仅是'小康',而且更重要的也是更难做到的是'全面','小康'讲的是发展水平,'全面'讲的是发展的平衡性、协调性、可持续性。"①

从"全面"的内涵看,全面建成小康社会是涉及经济、政治、文化、社会、生态文明建设"五位一体"的"全面小康"。经济领域要贯彻五大发展理念,建设现代化经济体系;政治领域要健全人民当家作主制度体系,发展社会主义民主政治;文化领域要以马克思主义为指导,坚定文化自信,推动社会主义文化繁荣兴盛;社会领域要提高保障和改善民生水平,加强和创新社会治理,让改革发展成果更多更公平惠及全体人民,朝着实现全体人民共同富裕不断迈进;生态文明领域要加快生态文明体制改革,建设美丽中国。

从工作重点来看,全面建成小康社会最艰巨、最繁重的任务在农村,农村的"短板"在贫困人口的脱贫,补齐农村短板是实现共同富裕的社会主义本质的、必然的要求,因此打好脱贫攻坚战是全面建成小康社会的重中之重。

(3)决胜"全面建成小康社会"。2017年10月党的十九大召开,作出了一个重大政治判断:中国特色社会主义进入了新时代。党的十九大报告指出:"这个新时代,是承前启后、继往开来、在新的历史条件下继续夺取中国特色社会主义伟大胜利的时代,是决胜全面建成小康社会、进而全面建设社会主义现代化强国的时代,是全国各族人民团结奋斗、不断创造美好生活、逐步实现全体人民共同富裕的时代。""从现在到二〇二〇年,是全面建成小康社会决胜期。要按照十六大、十七大、十八大提出的全面建成小康社会各项要求,紧扣我国社会主要矛盾变化,统筹推进经济建设、政治建设、文化建设、社会建设、生态文明建设,坚定实施科教兴国战略、人才强国战略、创新驱动发展战略、乡村振兴战略、区域协调发展战略、可持续发展战略、军民融合发展战略,突出抓重点、补短板、强

---

① 《十八大以来重要文献选编》(中),中央文献出版社2016年版,第830页。

第四章
开启全面建设社会主义现代化国家新征程

弱项,特别是要坚决打好防范化解重大风险、精准脱贫、污染防治的攻坚战,使全面建成小康社会得到人民认可、经得起历史检验。"

"决胜"一词表明了全面建成小康使命至关重要,任务艰巨紧迫。在全面建成小康社会的最后几年里,我们党必须兑现对人民、对历史的庄严承诺,否则小康建设的可能前功尽弃,党和国家会面临重大的危机。同时决胜也体现了党中央对完成这一历史使命的信心和决心。也意味着我们必须扎扎实实地推进各项工作,从量的指标到质的内涵严格要求,将全面建成小康社会的蓝图变为现实。

(4) 回顾"全面建设小康社会"的历史脉络。改革开放的40多年,就是中国共产党领导全国各族人民进行小康社会建设的历史进程,从"小康社会"到"总体达到小康",从"全面建设小康社会"到"全面建成小康社会",反映了"小康社会"理论和实践的日臻成熟和完善。回顾小康社会建设的历史脉络概括起来可以分为以下四个阶段:第一阶段,从改革开放到20世纪80年代,是小康社会的酝酿和提出的阶段。邓小平同志在描述"中国式的现代化"时,基于当时的实际发展状况,为区别于西方现代化,提出了"小康社会"之家的概念。将"达到小康水平"作为"三步走"战略中第二步,中国开始全力推动小康社会的建设;第二阶段,从20世纪90年代到跨入21世纪,是"总体小康"的实现阶段。党中央提出新"三步走"的战略,随着"九五计划"的完成,实现了全国人民由温饱走向总体小康。第三阶段从2001年到2011年,主题是全面建设小康社会,党中央提出了全面建设小康社会的新目标,并确定在2020年实现全面建成小康社会。在这个阶段,小康建设取得举世瞩目的成就,中华民族基本实现了由"站起来"到"富起来"。第四阶段,从2012年到2020年,是决胜全面建成小康社会的时期。党的十八大以来,以习近平同志为核心的党中央坚持"全面建成小康社会"的奋斗目标,带领全国各族人民进入决胜全面建成小康社会的关键时期,取得了辉煌的胜利。进而迈上全面建设社会主义现代化国家的新征程。

小康社会概念的提出和发展，小康社会建设实践的成功，充分体现了中国共产党以人民为中心的根本立场，诠释了为人民执政的执政理念，展现了改革开放事业的伟大、中国共产党和中国人民改变民族命运的伟大力量。

（二）党的十八大以来全面建成小康社会的重大成就

1. 经济建设持续健康发展

经济建设是全面小康的基础，也是党的中心工作，我们党高度重视经济建设，领导全国人民在经济建设上取得了重大成就。

"二〇〇一年，我国国内生产总值达到九万五千九百三十三亿元，比一九九八年增长近两倍，年均增长达到了百分之九点三，经济总量跃居世界第六位。人民生活总体上实现了由温饱到小康的历史性跨越。"① 党的十七大报告对我国经济发展提出"实现人均国内生产总值到二〇二〇年比二〇〇〇年翻两番"的新要求，意味着到 2020 年要确保实现全面建成小康社会的奋斗目标。

从党的十六大到党的十八大，我国经济取得了新的历史性的成就，经济总量从世界第六位跃升到第二位。在之后的五年，"经济保持中高速增长，在世界主要国家中名列前茅，国内生产总值从五十四万亿元增长到八十万亿元，稳居世界第二，对世界经济增长贡献率超过百分之三十。"② 经济建设取得了重大成就，成为全面建成小康社会坚实、雄厚的物质基础。具体来看，经济建设方面的重大成就有以下几个方面：

（1）经济总量大幅增加，经济实力大幅提升。近 20 余年我国经济增长情况见图 1。

---

① 《十六大以来重要文献选编》（上），中央文献出版社 2009 年版，第 5 页。
② 习近平：《决胜全面建成小康社会　夺取新时代中国特色社会主义伟大胜利——在中国共产党第十九次全国代表大会上的报告》，《人民日报》2017 年 10 月 28 日。

第四章　开启全面建设社会主义现代化国家新征程

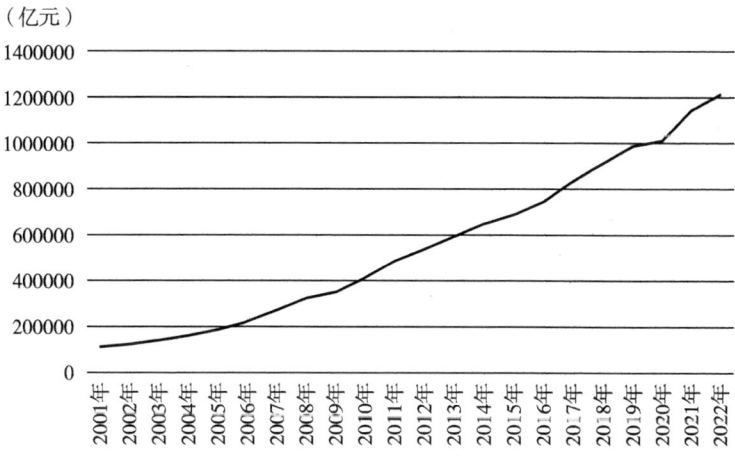

图1　近20余年我国国内生产总值（GDP）的情况①

（2）科技取得跨越式发展。新中国成立之初，我国整体科技水平低下，火柴、铁钉都要依靠进口。今天，中国在诸多科学前沿都取得了丰硕的原创成果，包括量子信息、铁基超导、中微子、干细胞、脑科学等，在载人航天与探月、载人深潜、北斗导航、超级计算、5G移动通信、高速铁路等一系列战略高技术领域取得重大突破，国家科技创新能力大大提高，从科技大国迈向了科技强国。在科技成果转化方面，科技进步贡献率超过60%。同时科技还被应用于提升治理水平，近年来，在数字政府、数字社会、智慧城市、数字乡村等领域，发挥着重要的作用。科技也深刻改变着人们的生活，移动互联网支撑下的网络应用，给人们购物、支付、出行等提供了便利。科技的发展也为国家应对重大风险提供了支持，如在应对新冠疫情中，科技对疫情监测、联防联控、资源调配等关键过程都发挥了不可或缺的作用。

（3）实现了产业结构的优化升级。在全面建成小康社会的过程中，产业结构得到不断的调整优化，从单一产业依赖转向依靠三次产业共同带

---

①　国家统计局：《中华人民共和国2022年国民经济和社会发展统计公报》，2023年2月28日。

动,三次产业增加值之比从 1952 年的 50.5%、20.8%、28.7%变化为 2022 年的 7.3%、39.9%和 52.8%①②。中国拥有世界上最完整的产业体系,产业持续向中高端发展。

产业结构的优化升级促进了经济更加均衡、更加充分的发展,人们个性化、品质化、多样化的需求不断得到满足。

(4)基础设施建设全面提升。交通基础设施、网络基础设施等规模庞大,居于世界领先地位。高速铁路、高速公路、城市轨道交通运营总里程以及港口深水泊位数量均居世界第一,民航运输总周转量多年来稳居世界第二。"五纵五横"综合运输大通道基本联通,能源供给保障能力和能源开发技术水平持续提升。水利基础设施提高了中国的水资源安全保障能力。

2. 政治建设开拓新局

政治建设为全面建成小康社会提供了根本保障,同时也是党在全面建成小康社会工作中的重点。党的十八大以来政治建设取得了重大成就,体现在以下主要方面。

(1)全面从严治党取得历史性开创性成就。党的十八大以来,以习近平同志为核心的党中央把全面从严治党纳入"四个全面"战略布局,以前所未有的勇气和定力推进党风廉政建设和反腐败斗争,刹住了一些多年未刹住的歪风邪气,解决了许多长期没有解决的顽瘴痼疾,清除了党、国家、军队内部存在的严重隐患,管党治党宽松软状况得到根本扭转。

反腐败斗争是全面从严治党的关键任务,会不会动真、敢不敢碰硬是检验一个政党、一个政权品质的试金石。以习近平同志为核心的党中央在反对腐败、建设廉洁政治的立场上一贯态度鲜明,以"得罪千百人、不负十四亿"的使命担当,"坚持无禁区、全覆盖、零容忍,坚持重遏制、强高压、长震慑",坚持受贿行贿一起查,坚定有案必查、有腐必惩,以猛

---

① 国务院新闻办公室:《中国的全面小康》,中国政府网,2021 年 9 月 28 日。
② 国家统计局:《中华人民共和国 2022 年国民经济和社会发展统计公报》,2023 年 2 月 28 日。

药去疴、重典治乱的决心,以刮骨疗毒、壮士断腕的勇气,坚决清除一切腐败分子。

党的十八大以来,截至 2022 年底,全国纪检监察机关共立案审查调查 464.8 万余件、处分 457.3 万人,其中立案审查调查中管干部 553 人,处分厅局级干部 2.5 万多人、县处级干部 18.2 万多人。①

(2) 全面依法治国取得重大进展。全面实施依法治国战略是我国政治建设的重要构成部分,在全面建成小康社会过程中,确立了习近平法治思想、国法党规得到不断的健全完善,为全面依法治国奠定了重要的理论基础,保证了制度供给。

法治建设围绕党和国家的中心任务,着力推动法治国家、法治政府、法治社会一体建设,为全面建成小康社会和扶贫攻坚保驾护航;党的十九大以来,围绕全面深化改革、促进经济发展、保障改善民生等重点领域,推动出台法律法规 100 多部。中国特色社会主义法律体系日益健全,首部民法典的正式实施,标志着中国进入了"法典化"的时代。

全面深化政法领域改革,社会公平正义得到有力维护,"努力让人民群众在每一个司法案件中都能感受到公平正义,决不能让不公正的审判伤害人民群众感情、损害人民群众权益"②。一些重大冤假错案陆续得到重审纠正。

深化公共法律服务体系建设,推进实体、网络和热线三大平台融合发展,基本建成了覆盖城乡的公共法律服务网络,人民群众法治获得感、幸福感、安全感得到提升。

(3) 党和国家机构改革取得的重大成效。从 1982 年至今,党中央和国务院机构进行了多次改革,取得的重大成效,主要表现为:一是党的全面领导得到有效落实,维护党的集中统一领导的机构职能体系更加健全;

---

① 肖培:《坚持不敢腐、不能腐、不想腐一体推进》,《人民日报》2023 年 1 月 16 日。
② 习近平:《在首都各界纪念现行宪法公布施行 30 周年大会上的讲话》,《人民日报》2012 年 12 月 5 日。

二是党和国家机构履职更加顺畅高效，各类机构设置和职能配置更加适应统筹推进"五位一体"总体布局和协调推进"四个全面"战略布局的需要；三是省市县主要机构设置和职能配置同中央保持基本对应，构建起从中央到地方运行顺畅、充满活力的工作体系；四是增强机构改革的整体性、系统性、协同性，同步推进相关各类机构改革，改革整体效应进一步增强。①

3. 文化建设蓬勃发展

全面小康，不仅是经济的小康，更要强调是物质文明和精神文明协调发展的小康。习近平总书记指出："人民的需求是多方面的……满足人民日益增长的精神文化需求，必须抓好文化建设，增加社会的精神文化财富。"② 同时，如果没有精神文明的支撑，没有内在的精神力量，小康社会也不可能建成。全面建成小康社会，我国在文化建设方面取得的重大成就主要体现在以下方面。

（1）精神与民族凝聚力增强。全面建成小康社会将中国特色社会主义和中国梦深入到了人民的精神生活中，对共产党、社会主义、改革开放、各民族团结的高度认同和拥护成为时代主旋律；在中国共产党的引领下，全体人民的"四个自信"显著增强；积极进取、改革创新、开放包容的精神广为传播，形成推动全面建成小康社会的正能量；国民心态在时代的陶冶下更加成熟，人民英雄、时代楷模、道德模范成为万众传颂的偶像，形成了崇尚英雄、崇尚勤奋、崇尚奉献的良好氛围；红色资源得到大力的挖掘和弘扬，成为民众感受历史，洗涤精神的重要载体，红色基因得以传承和培育，形成了强大的精神动力。

（2）公共文化服务丰富便利。公共文化设施网络具备了相当的规模，从农家书屋、乡镇综合文化站，到城市公共博物馆、图书馆、文化馆、美术馆，覆盖城乡并基本实现免费或低价开放，公共文化服务的丰富性、便

---

① 张克：《深化党和国家机构改革的成效与经验》，《学习时报》2020年2月10日。
② 《十八大以来重要文献选编》（中），中央文献出版社2016年版，第127页。

利性、均等性等方面均取得了显著的提高，人民精神文化生活丰富多彩。

网络文化产业迅猛发展，影视出版持续繁荣，文化娱乐领域乱象得到有效整治，天清气朗风气正在形成。文化与旅游融合发展，旅游景区、乡村旅游、休闲度假等旅游产品的品质不断提升，红色旅游成为传播社会主义核心价值观的重要渠道；全民健身热悄然兴起，从竞技体育到群众性体育活动，中国正在从体育大国向体育强国迈进。

（3）中华优秀传统文化得到多渠道的传承弘扬。全面建成小康社会注重中华优秀传统文化的创造性转化和创新性发展，延续民族文化血脉，越来越多的传统经典、书画、音乐、舞蹈、戏曲等走进校园、走进课堂。通过非物质文化遗产保护，对传统文化遗产的延续注入了活力；通过对春节、元宵节、端午节、中秋节等传统节日赋予时代内涵，使得新生代对民族底蕴有了新的认识，中华优秀传统文化中的思想观念、人文精神、道德规范被发扬光大，凝聚起中国人民的精神力量。

4. 民生福祉显著提升

全面小康，以人为本，民生为先。党坚持以人民为中心的发展思想，把改善人民生活、增进人民福祉作为出发点和落脚点，不断解决关系人民切身利益的突出问题，不断提升人民的获得感、幸福感、安全感。

（1）人民生活水平显著提高。居民收入持续增加，全国居民人均年可支配收入从1978年的171元增加到2022年的36883元（图2）。城乡居民恩格尔系数分别从1978年的57.5%、67.7%下降到2022年的30.5%，其中城镇为29.5%，农村为33.0%。[①] 城乡居民生活质量不断提升。

温饱问题解决后，人们对生活品质、品位有了更高的追求，衣食住行不断升级，消费结构从生存型逐渐向发展型、享受型过渡。服务性消费持续快速增长，在居民人均消费支出中占比逐渐达到一半左右。

---

① 国家统计局：《中华人民共和国2022年国民经济和社会发展统计公报》，2023年2月28日。

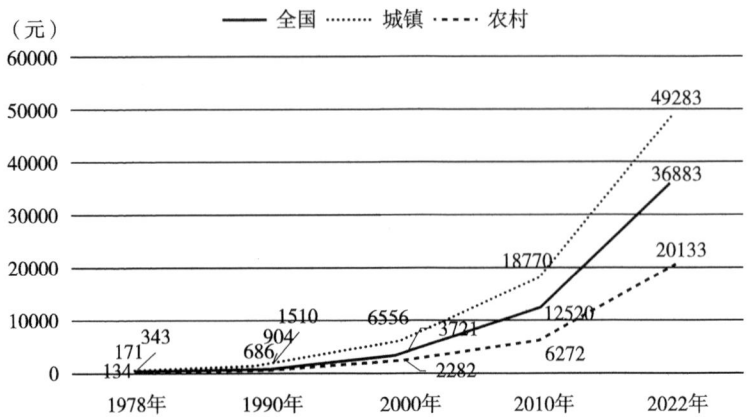

图 2　1978 年至 2022 年全国城乡居民人均年可支配收入增长情况

（2）教育总体水平大幅提高。从文盲半文盲大国到教育大国、迈向教育强国，从人口大国到人力资源大国、迈向人力资源强国，中国已建成包括学前教育、初等教育、中等教育、高等教育等在内的当代世界规模最大的教育体系，教育现代化发展总体水平跨入世界中上国家行列。学前教育普及率、普惠率超过84%，九年义务教育巩固率达到95%以上，高中阶段教育全面普及，区域、城乡、校际教育差距逐步缩小，从"有学上"到"上好学"、从"学有所教"到"学有优教"，中国基础教育跨越式发展，让每个孩子都能享有公平而有质量的教育正在变为现实。中国高等学校累计培养近亿名高素质专门人才，高等教育进入普及化阶段，教育水平跃升至世界中上国家水平。

（3）社会保障体系日臻健全。中国基本建成包括社会保险、社会救助、社会福利、社会优抚在内的世界上规模最大的社会保障体系，正向全覆盖、保基本、多层次、可持续的目标迈进。截至2022年底，全国基本养老、失业、工伤保险参保人数分别达到10.5亿人、2.4亿人、2.9亿人①，基本医疗保险参保人数13.46亿人②。生育保险依法覆盖所有用工

---

① 新华社：《全国基本养老保险参保人数达10.5亿人》，中国政府网，2023年1月22日。
② 国家医疗保障局：《2022年医疗保障事业发展统计快报》，中国政府网，2023年3月10日。

单位及职工。住房保障力度不断加大,累计建设各类保障性住房和棚改安置房8000多万套,帮助2亿多困难群众改善住房条件,低保、低收入住房困难家庭基本实现应保尽保,中等偏下收入家庭住房条件有效改善。积极应对人口老龄化上升为国家战略,居家社区机构相协调、医养康养相结合的养老服务体系加快建立,多数城市社区初步形成助餐、助医、助洁等为主体的"一刻钟"居家养老服务圈,越来越多的农村社区建起村级幸福院、日间照料中心等养老服务设施,城乡普惠型养老服务、互助型养老进一步发展,广大老年人不离家、不离村就能享受到专业养老服务,老有所养、老有所依、老有所乐、老有所安的目标不断实现。残疾人权益保障更加有力,8500万残疾人同步迈入小康。儿童福利和未成年人保护体系不断完善,有力保障了儿童健康和全面发展。越织越密的社会保障安全网,充分发挥可持续的托底作用,人们工作更安心、生活更舒心、对未来更有信心。

5. 生态文明建设成效显著

党的十八大以来,以习近平同志为核心的党中央高度重视生态文明建设,提出了新理念新思想新战略,大力推进生态文明建设。全党全国各族人民付出了艰辛的努力,取得了显著的成效。主要表现在以下几个方面。

(1)生态文明建设布局更加成熟。党中央把生态文明建设作为发展的根本大计,作出了一系列事关全局的重大战略部署。"五位一体"总体布局中,生态文明建设是重要组成部分;在新时代坚持和发展中国特色社会主义基本方略中,强调要坚持人与自然和谐共生;在新发展理念中,绿色发展是理念之一;在三大攻坚战中,污染防治被列为一大攻坚战;在社会主义现代化强国目标中,美丽是其中一个重要目标。这些体现了党中央对建设生态文明的部署和要求,体现生态文明建设在全面建成小康社会中的重要地位。

(2)生态文明建设体制机制改革深入推进。为了生态文明建设工作的高效开展,加快建设美丽中国,党中央持续开展体制机制上的优化、调整和改革。2018年，生态环境部组建，生态、污染排放监管、行政执法等工作有了统一的管理部门。同时，组建了自然资源部，统一履行所有国土空间用途的管制和生态保护、生态修复的职责。各地区也开展了一系列的机构和制度的改革，主要围绕环保机构监测监察执法的垂直管理、自然资源资产产权、生态环境损害赔偿等制度的改革，出台了相关文件，制定了实施方案。排污许可制、河（湖）长制等新举措随着改革加快推进，取得了预期的成效。同时，中央生态环境保护督察也积极推动各地区、各部门落实生态环境保护责任的落实落地。生态文明建设制度上的"四梁八柱"基本形成。

（3）污染防治攻坚战有力推进。根据近年国务院环境状况和环境保护目标完成情况的报告，全国的生态环境质量持续得到明显改善，环境安全总体形势稳定。在环境空气方面，全国空气质量持续向好，2022年地级及以上城市的空气质量优良天数比达到了86.5%。PM2.5浓度连续三年下降，空气达标城市达到了218个。京津冀及周边地区、长三角地区等重点区域的空气质量有了明显的改善。[①] 水环境方面，全国地表水环境质量保持稳步改善。2022年地表水优良水体比例达到了84.9%[②]，重点流域的水质改善态势良好，包括长江流域、珠江流域等水质为优，黄河流域的水质也有明显改善，淮河流域、辽河流域水质甩掉了轻度污染的帽子。同时，土壤环境状况、生态系统状况、声环境状况、核辐射安全状况均保持总体向好的趋势，环境风险状况总体稳定。总体而言，在全面建成小康社会中，实现了生态环保与经济效益双赢。习近平总书记提出的"绿水青山就是金山银山"科学论断，得到了坚定践行，取得了显著的成效。

（三）全面建成小康社会的重大意义与深刻启示

回顾和梳理小康社会建设的历程，可以看到，小康社会建设理论随着

---

①② 国家统计局：《中华人民共和国2022年国民经济和社会发展统计公报》，2023年2月28日。

第四章
开启全面建设社会主义现代化国家新征程

小康社会建设的推进而发展,不断丰富,形成了一套富有时代特色的、系统化的经验。这对开启新时代坚持与发展中国特色社会主义建设、推动中国式现代化有着重要的启示。

1. 全面建成小康社会的重大意义

党的二十大报告指出,"完成脱贫攻坚、全面建成小康社会,实现第一个百年奋斗目标","是中国共产党和中国人民团结奋斗赢得的历史性胜利,是彪炳中华民族发展史册的历史性胜利,也是对世界具有深远影响的历史性胜利"。

(1) 全面建成小康社会是中国共产党和中国人民团结奋斗赢得的历史性胜利。

第一,实现了党向人民、向历史作出的庄严承诺。习近平总书记指出:"全面建成小康社会,是我们党向人民、向历史作出的庄严承诺,是13亿多中国人民的共同期盼。"[1]

自从"小康"概念用来概括表达"中国式现代化"的奋斗目标以来,我们党的历次代表大会都向人民作过建成小康社会的宣告。按计划高质量地实现了全面建成小康社会的目标,证明了党对人民和历史作出的承诺是一定会兑现的,这是我党的一贯品格,是党对人民、对历史敢于负责、勇于担当的直接体现。同时,全面建成小康关系到党的执政根基,"在国际风云激烈变幻的过程中,我们党和我国社会主义制度岿然不动,就是因为我们党的路线方针政策给亿万人民带来了好处","只有做到为民造福,我们党的执政基础才能坚如磐石。"[2] 如期全面建成小康社会表明,中国共产党始终代表着最广大人民的根本利益。

第二,党的执政能力得到锻造和验证。中国共产党是全面建成小康社会的中流砥柱,中国人民在党的带领下在经济、政治、文化、社会和生态文明

---

[1] 《习近平谈治国理政》第二卷,外文出版社2017年版,第37—38页。
[2] 《十八大以来重要文献选编》(下),中央文献出版社2018年版,第31—32页。

等各个领域都取得了辉煌成就。在这个过程中积累了宝贵的执政经验,执政能力得到锻造。这些成就和经验表明,中国共产党卓越的执政能力是全面建成小康社会取得成功的保证,中国的发展决不能脱离党的领导。

中国共产党拥有9800多万名党员,领导14亿多人口的大国,是具有重大全球影响力的世界第一大执政党。中国共产党面对复杂多变的国内外形势,必须审时度势,把握大局,坚定改革开放的决心,统一思想,坚持原则,坚持方向,增强凝聚力,始终保持党的团结一致。同时加强党的组织建设和队伍建设。提高领导干部的决策能力、指挥能力,提高党员的政治素质和业务素质,使我们的党员干部队伍具有高度的规矩意识、纪律意识和顽强的斗争精神,强大的执行能力。党的执政能力和执政水平的不断提高,为中国式现代化的高效推进提供能力保障。

(2)全面建成小康社会是彪炳中华民族发展史册的历史性胜利。

全面建成小康社会是中华民族发展史册上的大事,是重要的里程碑,它开启了中华民族伟大复兴的新征程。

第一,接续了中华民族伟大复兴"两个一百年"奋斗目标。党的二十大报告指出,"从现在起,中国共产党的中心任务就是团结带领全国各族人民全面建成社会主义现代化强国、实现第二个百年奋斗目标,以中国式现代化全面推进中华民族伟大复兴"。全面建成小康社会意味着"实现中华民族伟大复兴中国梦的关键一步"。它是中国社会主义现代化发展战略中的至关重要的一个阶段,因为它关系着"两个一百年"奋斗目标能否如期实现,关系着人民对党的能否继续信赖、对中国特色社会主义"四个自信"是否高度认同。

"站起来""富起来""强起来"是中华民族伟大复兴的实践路径。全面建成小康社会,为"实现中华民族伟大复兴提供了更为完善的制度保证、更为坚实的物质基础、更为主动的精神力量"[①]。在伟大复兴的历程

---

① 习近平:《在庆祝中国共产党成立100周年大会上的讲话》,《人民日报》2021年7月2日。

中，它承接起了"站起来""富起来"的取得的成就，同时开启"强起来"的新征程，成为中华民族复兴的历程中一个承上启下的重要里程碑。

第二，推进了中华儿女实现共同富裕的历史进程。中华民族在历史上与贫困进行了长期的斗争，历史上出现的盛世都维持了不长的时间，实现共同富裕的朴素理想一直遥不可及，特别是近代以来，中华民族更是濒临亡国灭种的绝境，贫困程度异常深重，"摆脱贫困，成了中国人民孜孜以求的梦想，也是实现中华民族伟大复兴中国梦的重要内容"①。中国共产党成立于民族存亡之际，初心就是要为中国人民谋幸福、为中华民族谋复兴。中国共产党带领人民自力更生、发愤图强，把消除贫困、实现共同富裕作为奋斗目标。全面建成小康社会是对这一目标的最直接、最深入的实践，它将"消除贫困、改善民生、逐步实现共同富裕"作为使命。极大地推进了中华儿女实现共同富裕的历程。

第三，证明了中国特色社会主义道路的正确性。中国特色社会主义道路是历史和人民的选择。全面建成小康社会的实践证明，这个选择是完全正确的。是因为正确道路的选择，才使得中华民族能够走向今天的强盛。正是由于正确的道路选择，中国才能够在面对很多发展难题的时候迎刃而解。正是由于对道路的坚持，才能够最终取得重大的发展，伟大的成就。

中国特色社会主义道路的坚持，是在发展中的坚持。是在中国共产党的领导下，始终坚持社会主义的全面发展，既坚持四项基本原则，又坚持改革开放；既要不断解放和发展社会生产力，又将全体人民共同富裕作为目标。坚持中国特色社会主义既不是完全继承传统的道路，更不能套用全盘西化的道路，必须是符合中国国情的独创之路。

（3）全面建成小康社会是对世界具有深远影响的历史性胜利。

第一，开辟了世界社会主义发展的新境界。社会主义革命在20世纪风起云涌，十月革命取得的胜利在资本主义占主导地位的世界体系中撕开

---

① 习近平：《在全国脱贫攻坚总结表彰大会上的讲话》，《人民日报》2021年2月26日。

了一个缺口，标志着世界进入了资本主义和社会主义"两制并存"时代。中华人民共和国的成立是20世纪世界社会主义运动的又一个高峰。但随着东欧剧变、苏联解体，社会主义国家阵营的成员数量急剧下降，世界各国共产党的数量也大幅减少，世界社会主义发展呈现低迷状态。中国作为最大的社会主义国家，通过全面建成小康社会，成功解决了绝对贫困，这是21世纪世界社会主义事业发展中的一项最伟大成就。它强有力地证明了社会主义的生命力，为21世纪世界社会主义发展注入了勃勃生机。为国外共产党、国际左翼力量提供了成功的样本，振奋了他们的精神。世界社会主义发展迎来了新的曙光。

第二，拓宽发展中国家道路选择。中国共产党根据中国的国情，集中政府、社会、市场等各方力量，将社会主义和市场经济相结合，走出了中国特色社会主义现代化发展道路，实现全面建成小康社会。这种发展模式不同于新加坡等"亚洲四小龙"，也不同于苏联。中国保持自身的独立性，坚持共同富裕，实施精准扶贫的战略。抓住了全球化的重大机遇同时主动融入全球化，从而使得国内国际两个市场都得到健康发展，顺利实现脱贫攻坚和经济均衡发展。

发展中国家在走向现代化的途径中面临的一个主要问题是，既要加快发展的速度又不能丧失自身的独立性，同时还必须面对国际政治经济环境变化所带来的冲击。全面建成小康社会取得了全面均衡的发展成果，使得国家在面临新的发展趋势、在历史性的变局中具有强大的适应和抵御风险的能力。中国的发展给广大发展中国家的最重要启示就是，在充分吸取别国的成功经验的同时，必须要自主选择适合自身的发展道路。

第三，加快国际格局深度调整。中国实现全面建成小康社会是21世纪全球范围内的一项重大成就，必然会对国际关系及国际格局产生一系列的影响。全面建成小康社会推动了新型南南合作的构建和多边主义的发展。在合作共赢的理念下，建立新型国际减贫合作交流机制，推动各国消除贫困的重要有效的途径。在中国的带动下，新兴市场国家和发展中国家可以在减贫脱贫、可持续发展、疫情防控、人权问题等方面加强交流合作，形成共同的声音。同时在区域合作方面，在中国的影响下上海合作组织、东盟、非盟等国际组织更加活跃，全球影响力也得到了提升。中国倡导的"一带一路"建设、"金砖国家"等机制为中国与发展中国家加深和拓展合作提供了平台，越来越多的发展中国家搭乘中国发展的"快车"，与中国一起共同发展，客观上为全球减贫事业作出了重要贡献。

2. 全面建成小康社会的深刻启示

（1）坚持党的领导，成就伟大事业。

第一，党的领导是推进中国式现代化的政治保障。中国共产党带领中国人民从一穷二白，经过达到温饱，实现全面小康。这个历程有力地说明了，办好中国的大事，必须坚持党的全面领导。中国共产党任何时候都具有坚定信念，把人民的利益作为事业的出发点和落脚点，善于总结历史经验，坚持在发展中自我革新。在不利形势和复杂局面下，中国经济依然保持了稳定和快速发展。这些成就是在党的正确领导下取得的。这些实践证明，中国共产党为社会主义建设提供了政治保障。在社会主义现代化建设的新征程上，也必须在党全面领导下，特别是政治领导下，保持定力、坚信道路、坚定目标、指引方向。不断推进改革创新，实现一个又一个不凡的成就。

第二，党的领导为推进中国式现代化提供强大的组织力量。中国共产党领导中国人民，实现了从半殖民地半封建社会到民族独立、人民当家作主。积累了丰富的斗争经验，在奋斗中与人民群众紧密联系在一起，培养了深厚的感情，赢得了中国人民的信任。这使得中国共产党在中国的土地上具有强大的号召力，这种号召力和社会主义制度的优越性结合，能够集中力量办大事，克服重重困难，最终全面建成小康社会。

中国共产党牢牢抓住了领导干部这个"关键少数"，将干部队伍建设作为事业发展的重要抓手，培养忠诚、干净、有担当的高素质的党员和干部队伍，充分发挥了共产党员在群众中的先锋模范作用。中国共产党具有丰富的组织经验、强大的组织体系、正确的组织路线，构成了党的强大的组织能力。中国人民在中国共产党的领导和组织下，汇聚成强大的合力，在推进中国式现代化的道路上不断创造奇迹。

第三，保持党彻底的自我革命精神，跳出治乱兴衰历史周期率。全面建成小康社会是党领导开展的一项艰巨的历史任务，在推进过程中，中国共产党始终发挥了先锋队的作用。这是因为党把保持彻底的自我革命精神作为其最鲜明的品格，从而能够不断地自我完善、自我提高，保持着引领时代的先进性。

在一段时间里，全党对自身建设有所忽视，党中央及时洞察，果断纠偏。既要抓经济建设，也要抓党的建设，两手抓，两手同时都要硬。党的精神面貌焕然一新，作风明显改善。党把这种敢于自我批评、自我扬弃精神作为自己的内在品质，使党能够永葆青春，富有活力，"才能够在危难之际绝处逢生、失误之后拨乱反正，成为永远打不倒、压不垮的马克思主义政党"①。

面对变幻不定的国际形势，复杂多变的执政环境，全党必须同削弱党的先进性和纯洁性的各种因素作坚决的斗争。中国共产党人要勇于自我革命，敢于壮士断腕、刮骨疗毒，不断强大自身，经得起长期的、复杂的考验，带领全国各族人民在新时代坚持和发展中国特色社会主义事业。

（2）坚持走社会主义道路，充分发挥制度优势。

第一，坚持走社会主义道路，坚持改革的社会主义方向。不断完善与发展中国特色社会主义制度，是全面建成小康社会的必然选择。完善与发展是通过对社会主义制度的改革来实现的，因此，可以说改革和开放是全面建成小康社会的起点，也是贯穿于全面建成小康社会各个阶段的主题。坚持改革才能充分解放和发展生产力，实现全面建成小康社会的伟大

---

① 习近平：《在"不忘初心、牢记使命"主题教育总结大会上的讲话》，《前进》2020年第2期。

第四章
开启全面建设社会主义现代化国家新征程

目标。

但是在改革中,我们必须坚持"以我为主"、决不能"邯郸学步"。最重要的是必须高举社会主义的旗帜,从社会主义制度的优越性中,去发掘推动各项建设的巨大力量。我们党通过观察分析、吸收借鉴东欧社会主义国家"改革"的经验教训,也得出了必须始终不渝地坚持走中国特色社会主义的改革方向的结论。邓小平同志在南方谈话中指出:"不坚持社会主义,不改革开放,不发展经济,不改善人民生活,只能是死路一条。"① 强调必须在坚持社会主义原则的前提下,实行对内建设和对外开放。

习近平总书记反复强调:"改革开放是一场深刻革命,必须坚持正确方向,沿着正确道路推进。"② 全面建成小康社会的实践证明了坚持社会主义道路和改革开放不可分割的关系,随着进入新的发展时期,改革也必然进入了攻坚克难的新阶段,无论遭遇任何困境,我们都必须坚持社会主义方向不动摇。

第二,坚持以公有制为主体地位的所有制结构,激发各类市场主体的活力。社会主义的一个重要性质就是必须坚持公有制的主体地位和国有经济的主导地位。改革开放以来我国的国有经济健康发展,国有经济的体量和规模为世界最大。2021年有中国143家企业入围《财富》世界500强,其中有49家央企、33家地方国企。③ 国有经济占比达到57%。而与此同时,非公有制经济在满足人民多样化需要,促进国民经济发展中的作用也不可忽视。

在分配方式上,坚持按劳分配为主体、多种分配方式并存的分配制度。合理的分配制度有助于调动全社会的力量,积极参与新时期的社会主义建设,同时还需要采取适当的再分配调节方式,维护社会公平。

---

① 《邓小平文选》第三卷,人民出版社1993年版,第370页。
② 《习近平关于全面深化改革论述摘编》,中央文献出版社2014年版,第14页。
③ 《独家解析2021年度〈财富〉世界五百强上榜国企名单》,国务院国有资产监督管理委员会网站,2021年8月2日。

在社会主义市场经济体制下，必须协调好政府和市场的关系，将政府的宏观调控与市场运行规律结合起来，防范化解在新时期社会主义现代化建设中的各种经济风险。

第三，充分发挥制度优势，集中力量办大事。集中力量办大事是中国特色社会主义的制度优势之一。集中力量办大事的首要前提是必须要有统一思想，有统一的思想才能够有统一的行动，马克思主义在社会主义的意识形态领域具有主导地位，是凝聚全党全国形成奋斗共识的思想基础。

在实践中，"集中力量办大事"集中体现为党领导全国人民完成重大的规划。可以说，我们今天取得的成就，就是一个又一个"五年规划"所积累而成。从"两弹一星"、载人航天，到三峡大坝、西气东输、南水北调、三北防护林体系以及高速铁路、"蛟龙"入海、港珠澳大桥等一系列基础性重大工程都是通过规划，适度地集中资源而办成的。在战略上抓住发展中的主要矛盾，重点和难点和关键问题，有助于聚焦目标、集中资源、集中力量，完成重大任务。

"集中力量办大事"更是化解重大风险的基本策略。当我们面临危机时，能够在党中央的果断决策和统筹下，四面八方调动资源，快速集中地解决问题。如近三年在新冠疫情防控工作中，"集中力量办大事"的优越性也再次得到体现。武汉及湖北保卫战打响，来自全国各地的数万名医护工作者和大批紧缺医疗物资向武汉聚集、迅速建成火神山和雷神山等医院，取得了决定性成果。至2023年初，我国取得疫情防控重大决定性胜利，创造人类文明史上人口大国成功走出疫情大流行奇迹。正如习近平总书记指出："衡量一个国家的制度是否成功、是否优越，一个重要方面就是看其在重大风险挑战面前，能不能号令四面、组织八方共同应对。"[1]

---

[1] 习近平：《在全国抗击新冠肺炎疫情表彰大会上的讲话》，《人民日报》2020年9月9日。

(3) 坚持用先进的思想和科学的理论指引社会主义建设的行动。

第一，用党的理论创新成果统一思想，是推进中国特色社会主义的关键。在中国这样一个曾经经济文化都相当落后的东方大国，要找到一条适合自己的发展之路，是没有现成的经验可以照搬的，必须在马克思主义的指导下，在实践的基础上，在理论上进行不断的创新。只有用实践基础上的理论创新来为社会发展和变革准备好思想上的开拓，形成认识上的统一，才能够保证我们的事业朝着正确的方向，信心百倍地推进。党的理论创新实质上就是马克思主义的中国化，是将把马克思主义基本原理同中国具体实际相结合、同中华优秀传统文化相结合。

党的指导思想是党的理论认识和创造的凝练，实践活动的纲领、指南，是观察和处理一切社会现象和社会问题的理论武器。指导思想是否正确事关党和国家事业的兴衰成败，确立正确指导思想的关键在于不断地根据时代的需要，对理论的内涵进行调整、丰富、发展。在党领导的社会主义建设进程中，循着马克思主义中国化、时代化的方向，不断求索，在理论上实现了三次飞跃，先后形成了毛泽东思想、中国特色社会主义理论体系和习近平新时代中国特色社会主义思想。是党的理论创新的伟大成果，它们成为指导不同时代的社会主义建设实践的纲领、指针、指南。

全面建成小康社会的历程启示我们，不断进行思想创新，用党的理论创新成果统一思想，是一个国家能否实现繁荣富强、长治久安，社会主义现代化建设成功的关键。

第二，习近平新时代中国特色社会主义思想是引领中国式现代化推进的强大思想指导。全面建成小康社会的成就是在习近平新时代中国特色社会主义思想的直接指导下造就的。习近平新时代中国特色社会主义思想是党的理论创新的重要成果，是当代中国最鲜活的马克思主义，涵盖新时代坚持和发展中国特色社会主义的总目标、总任务、总体布局、战略布局和发展方向、发展方式、发展动力、战略步骤、外部条件、政治保证等基本问题，是全党全国人民为实现中华民族伟大复兴而奋斗的行动指南。

党的十九大把习近平新时代中国特色社会主义思想确立为党必须长期坚持的指导思想，并庄严地写入党章，实现了党的指导思想的与时俱进。这是一个历史性决策和历史性贡献，体现了党在政治上理论上的高度成熟、高度自信。十三届全国人大一次会议通过的宪法修正案，郑重地把习近平新时代中国特色社会主义思想载入宪法，实现了国家指导思想的与时俱进。党的二十大提出要坚持不懈用习近平新时代中国特色社会主义思想凝心铸魂，反映了全国各族人民共同意志和全社会共同意愿。在推动中国式现代化的道路上，必须坚持习近平新时代中国特色社会主义思想指导地位不动摇。

（4）坚持全面深化改革全面扩大开放不动摇。

第一，坚持推进国家治理体系与治理能力现代化。全面建成小康社会的决定性胜利的历程，也是国家治理体系和治理能力现代化的历程。全面建成小康社会是一个全方位全领域的宏大事业，关乎整个国家治理体系，必须要通过全面深化改革，促进各方面的体制机制调整优化以满足时代的需求，谋划全面深化改革。党的二十大报告指出，未来五年是全面建设社会主义现代化国家开局起步的关键时期，"改革开放迈出新步伐，国家治理体系和治理能力现代化深入推进，社会主义市场经济体制更加完善，更高水平开放型经济新体制基本形成"，这是全面改革的基本走向，要用现代化要素去改造传统要素，促进传统要素不断现代化。同时，必须牢记，改革是以坚持中国特色社会主义根本制度为基础的，是坚持根本制度与释放制度活力的辩证统一。①

而随着国家发展进入新阶段，全面深化改革的任务目标也会相应发生变化，坚持紧密结合中国实际，推进国家治理体系和治理能力现代化，是中国式现代化的基本任务之一，同时也是保障其他各项工作的顺利开展的

---

① 王浦劬：《全面准确深入把握全面深化改革的总目标》，《中国高校社会科学》2014年第1期。

第四章
开启全面建设社会主义现代化国家新征程

基础。

第二，坚持以问题为导向的改革重点。党的十八大以来，全面深化改革以全面发力、多点突破的态势展开。经济体制改革是全面深化改革的重点，处理好政府与市场的关系是深化经济体制改革的核心。在全面推进政治、文化、社会、生态文明、党的建设等方面的体制改革中，注重抓住各个领域的要务和关键环节。找到改革的突破口，牵住"牛鼻子"，使得改革能够真正解决一个又一个问题，最终能够达成目标。在全面建设社会主义现代化国家的新征程中，全面深化改革必将继续展开，改革的重点如何确定，我们可以从过往的经验中得到启示，那就是要始终瞄准社会主要矛盾和发展中的突出问题，以问题为导向明确各个阶段的改革重点。

以问题为导向推进全面改革，首先要有面对问题的勇气。改革将要触及的问题在层次上由浅入深，已经解决了相对容易的问题，剩下的都是难啃的"硬骨头"，改革的阻力可能会更大。对此要有足够的思想准备。同时，应该认识到，必须提高认识问题的能力，由"摸着石头过河"转向对问题的理性探索，要用系统的方法来看待问题、分析问题，不能仅仅依靠感性认识寻找改革的突破点。习近平总书记指出，"要善于运用改革思维和改革办法，统筹考虑短期应对和中长期发展，既要在战略上布好局，也要在关键处落好子"[①]。

第三，构筑全方位多元化的对外开放格局。全面建成小康社会逐渐构筑出一个全方位多元化的开放格局，表现在开放的空间范围方面由点到面扩大，使得对外开放格局在空间上的布局更加平衡。在开放的领域方面继续拓宽，进出口的结构上优化调整。在开放的层次上更加深化，坚持"引进来"与"走出去"并重。通过对外开放，积极参与国际经济大循环，提升了中国经济的全球地位。

"过去40年中国经济发展是在开放条件下取得的，未来中国经济实现

---

① 《习近平谈治国理政》第四卷，外文出版社2022年版，第226页。

高质量发展也必须在更加开放的条件下进行。"① 在全面建设社会主义现代化国家的新征程中，在以国内大循环为主体的同时，要继续坚持全面开放，调整好对外开放的侧重点和整体格局，打造国际合作和竞争的新优势，以国内大循环牵引国际大循环，国际大循环促进国内大循环，在高水平对外开放上形成良性循环。

（5）坚持与时俱进地调整布局，循序渐进地探索发展道路。

第一，坚持把握规律，将发展过程与目标相统一。全面建成小康社会是一项历史性的成就，绝非一蹴而就，而是由不同的战略阶段步步衔接而成。党在领导全面建成小康社会中，坚持了发展的长远性与阶段性的统一，坚持全面建成小康社会的长期目标不动摇。同时，在不同的阶段确定了阶段性的目标，不断探索社会主义建设规律，不断深化对共产党执政的认识。

全面建成小康社会的成功实践启示我们，保持延续性是成就宏伟发展事业的重要因素。轻易地"另起炉灶""改弦更张"容易丢失来之不易的发展成果，容易迷失对发展规律的把握，因此在全面建成社会主义现代化国家的新征程中，我们必须要充分了解国情，深刻认识我们所处的发展阶段，树立长期目标，将长期目标分解为不同阶段的短期目标，同时还要注重把握发展过程中各种矛盾的变化，适时调整战略，在目标长期性与阶段性的统一中稳步发展。

第二，与时俱进地调整党的执政布局，保持稳中求进的总基调。我们党从以解决温饱问题为主的"小康水平"的目标，到提出"经济更加发展、民主更加健全、科教更加进步、文化更加繁荣、社会更加和谐、人民生活更加殷实"的"全面建设小康社会"目标，进入中国特色社会主义新时代，党又提出了"全面建成小康社会"的新目标。与之相统一，党领导的现代化建设布局由最初的物质文明建设、精神文明建设"两位一体"，

---

① 《习近平谈治国理政》第三卷，外文出版社2020年版，第202页。

拓展到物质文明建设、精神文明建设、政治文明建设"三位一体",进一步拓展到经济建设、政治建设、文化建设、社会建设"四位一体",再拓展到经济建设、政治建设、文化建设、社会建设、生态文明建设"五位一体"。体现了解放思想与求真务实的统一,体现了循序渐进实现伟大目标的规律。

在推进中国式现代化的道路上,要与时俱进地调整党的执政布局,保持党对发展全局的把控,保证发展方向的正确,确保各方面力量能够充分发挥,发挥党领航掌舵、驾驭大局的强大能力。

二、新时代新征程的重大意义

党的二十大报告强调:"坚持党的全面领导是坚持和发展中国特色社会主义的必由之路,中国特色社会主义是实现中华民族伟大复兴的必由之路,团结奋斗是中国人民创造历史伟业的必由之路,贯彻新发展理念是新时代我国发展壮大的必由之路,全面从严治党是党永葆生机活力、走好新的赶考之路的必由之路。"这"五个必由之路"具有丰富内涵和重大意义,习近平总书记就建设什么样的社会主义现代化强国、怎样建设社会主义现代化强国,提出一系列原创性的新理念新思想新战略,深刻阐述了中国式现代化的中国特色、本质要求和前进道路上必须牢牢把握的重大原则,描绘了全面建设社会主义现代化国家、全面推进中华民族伟大复兴的宏伟蓝图,为新时代新征程党和国家事业发展、实现第二个百年奋斗目标指明了前进方向、确立了行动指南。

全面建设社会主义现代化国家、基本实现社会主义现代化,既是社会主义初级阶段我国发展的要求,也是我国社会主义从初级阶段向更高阶段迈进的要求。立足新发展阶段,既要把握实践发展的连续性,又要把握时代发展的阶段性;既要抓住国内外环境深刻变化带来的新机遇,又要准备迎接一系列新挑战。党的二十大擘画的中国式现代化的宏伟蓝图,是基于对新时代十年党和国家事业发展取得的成就与经验的深刻总结，是以中国式现代化全面推进中华民族伟大复兴的根本遵循。

（一）全面把握我国基本国情的必然要求

1. 深入分析社会主要矛盾

在向全面建成社会主义现代化强国新征程中提出的新目标是基于我国主要矛盾层次提升、历史方位发生变化而进行的目标提升。社会主要矛盾是对社会发展起决定作用的全局性和根本性矛盾。准确判断现阶段的主要矛盾，是事关我国现代化建设全局的根本问题。党的八大指出，我国社会的主要矛盾是"先进的社会主义制度同落后的社会生产力"之间的矛盾。这之后虽然我们党对社会主要矛盾的判断出现了问题，但党的十一届六中全会基于"我们的社会主义制度还是处于初级的阶段"的客观现实，首次明确指出我国社会的主要矛盾是"人民日益增长的物质文化需要同落后的社会生产之间的矛盾"。自此开始，这个判断一直沿用到党的十九大召开，成为正确认识国情、科学诠释解放和发展生产力历史任务的客观依据。

经过70多年的社会主义建设，特别是改革开放和党的十八大以来的量变积累，一方面，我国经济社会发展取得了许多举世瞩目的成就，短缺经济和供给不足的状况已得到根本扭转，"落后的社会生产"的表述已经不符合实际。另一方面，人民生活告别贫困、跨越温饱，基本的物质文化需要已经得到满足。原来矛盾的两个方面都已经得到解决，原表述也就不能准确反映这种变化了的客观实际。以习近平同志为核心的党中央敏锐地洞察到这一关系全局的根本性变化，作出了"中国特色社会主义进入新时代，我国社会主要矛盾已经转化为人民日益增长的美好生活需要和不平衡不充分的发展之间的矛盾"的精准研判。既然主要矛盾层次的提升，根本任务及发展战略也必须随之提升。习近平总书记基于新的历史起点、根据新的主要矛盾作出高于原来预期的新规划，充分体现了中国共产党人一切从实际出发、实事求是、与时俱进的精神品格。

2. 充分把握我国发展阶段

新时代新征程在时间节点和目标高点设计上依然保持稳定和接续。实现第二个百年奋斗目标的新时代"两步走"战略依然立足在我国仍处于社会主义初级阶段的基本国情和我国仍然是世界上最大的发展中国家的国际地位"两个没变"的正确认识上的。精准把握国情是我们党谋划发展战略的基础。习近平总书记指出："当代中国最大的客观实际，就是我国仍处于并将长期处于社会主义初级阶段。这是我们认识当下、规划未来、制定政策、推进事业的客观基点，不能脱离这个基点。"① 也就是说，新时代的主要矛盾虽已发生变化，层次明显提升，但并没有因此而改变初级阶段的现实国情，发展的短板和不足仍然制约着人民美好生活需要的实现，发展的程度和水平离本应完成的民族复兴任务还有相当的距离。我国生产力水平的大幅提高是从纵向看，跟中国过去历史对比的结果，但从横向看，中国与当今世界发达国家相比，我国的生产力水平总体上处于世界的中等偏下位置，劳动生产力水平、创新能力和创新质量等与发达国家仍然存在较大的差距，这就决定了新时代主要矛盾的层次提升并没有改变。既然中国的基本国情没有变、在国际上的地位也没有变，做战略规划时也就必须基于社会主义初级阶段的基本国情，同时兼顾作为最大发展中国家的最大实际。因此，习近平总书记提出新时代"两步走"战略规划的第二步也就是到2050年实现社会主义现代化和中华民族伟大复兴，在时间节点和目标高点上保持了与毛泽东同志、邓小平同志等领导人顶层设计的一致，充分体现了中国共产党人"一张蓝图绘到底"、久久为功、一脉相承的精神品格。

3. 全面认知我国国际地位

放眼世界，我们面对的是百年未有之大变局。世界正处于大发展大变革大调整的剧变中，欧美日等发达经济体对世界经济增长的带动作用明显

---

① 《辩证唯物主义是中国共产党人的世界观和方法论》，《求是》2019年第1期。

减弱,而发展中国家的群体力量却在增强,国际力量对比趋于平衡,和平发展、合作共赢的时代潮流已势不可当,我国经济与世界经济已深度交融,对世界经济增长的贡献在逐年递增。虽然世界各地局部冲突和动荡频发,各种非传统安全和全球性问题加剧,逆全球化思潮和贸易保护主义抬头,世界经济持续低迷,但从全局来看,和平与发展仍是时代主流与主题。中国日益走近世界舞台的中央,话语权和影响力明显增强,国际地位空前提升。虽然当今中国经济社会发展进入新常态,但经济长期向好的基本面并没有变,经济结构在持续优化,新增长动力正孕育形成。从国际环境看,尽管中国未来发展会面临越来越多的压力和困难,但仍然是机遇大于挑战,"中国发展仍处于重要战略机遇期"。正是基于对国内形势的理性分析,充分估计到中国有时间有办法依靠改革创新实现发展转型,党中央才把小康社会建成后未来30年中国前进的目标和方向提高了一大步,要在原来"基本实现现代化"的基础上"全面建成现代化强国",提出了到2050年实现"综合国力和国际影响力领先",中华民族昂首屹立于世界民族之林的宏图愿景。

(二) 深刻明晰社会主义本质的内在需要

1. 社会主义本质体现:制度安排

新时代新征程是全面把握社会主义本质内涵的战略安排。"我们党深刻认识到,实现中华民族伟大复兴,必须建立符合我国实际的先进社会制度。我们党团结带领人民完成社会主义革命,确立社会主义基本制度,推进社会主义建设,完成了中华民族有史以来最为广泛而深刻的社会变革,为当代中国一切发展进步奠定了根本政治前提和制度基础,实现了中华民族由近代不断衰落到根本扭转命运、持续走向繁荣富强的伟大飞跃。"① 新中国成立以来,高举社会主义伟大旗帜始终是我们事业的政治方向,改

---

① 习近平:《论中国共产党历史》,中央文献出版社2021年版,第180页。

第四章
开启全面建设社会主义现代化国家新征程

革开放40多年来，我们努力为之奋斗的中国特色社会主义事业的核心始终是社会主义。

2. 社会主义本质内涵：核心要义

当前，中国特色社会主义进入新时代，这是源于我们对中国发展取得重大进步的客观判断，也是源于我们对社会主义本质深刻理解的判断。中国社会主义建设经验告诉我们，举什么旗、走什么路是关系党和国家事业兴衰成败的根本性问题。新中国成立以来，中国共产党和中国人民在不断探索中回答社会主义本质问题。邓小平同志总结了中国社会主义建设的经验教训，回答了什么是社会主义、怎样建设社会主义的问题，认为"社会主义的本质，是解放生产力，发展生产力，消灭剥削，消除两极分化，最终达到共同富裕"①。这一科学概括摆脱了过去对社会主义简单抽象的认识，将解放生产力、发展生产力作为社会主义的根本任务，将生产力摆在整个经济社会发展过程中的基础地位，突出了社会主义消灭剥削、消除两极分化、共同富裕的价值目标，既是社会主义的价值追求，也是社会主义和资本主义的本质区别。社会主义本质理论反映了人民的利益和时代的要求，在此理论指导下中国社会实现了由贫穷到温饱、再由温饱到总体小康的历史性跨越。新时代新任务，变化的是矛盾的转化和任务的提升，没变的是中国特色社会主义伟大事业在继续。

（三）深入把控发展核心观念的题中之义

1. 以推动高质量发展为根本途径

党的二十大报告指出："高质量发展是全面建设社会主义现代化国家的首要任务。发展是党执政兴国的第一要务。没有坚实的物质技术基础，就不可能全面建成社会主义现代化强国。"所以，必须加快构建新发展格局，着力推动高质量发展，必须构建高水平社会主义市场经济体制，实现

---

① 《邓小平文选》第三卷，人民出版社1993年版，第373页。

共同富裕。面对当前我国存在的问题，在建设社会主义现代化强国的新征程中，必须解决好进一步发展生产力的问题，坚定不移地把发展作为党执政兴国的第一要务，坚持社会主义市场经济改革方向，推进经济、政治、文化、社会、生态文明等方面的建设。在此基础上，认真完成新时代"两步走"战略安排，最终实现社会主义现代化强国的目标。

2. 以站稳人民立场为根本立场

新时代新征程全面体现了中国特色社会主义以人民为中心的理念。社会主义本质内在地蕴含了人民核心的思想。历史唯物主义认为人民群众是历史的创造者，是社会发展前进的动力。新中国成立以来特别是改革开放以来，中国共产党坚持为人民服务的宗旨，把人民群众的利益始终作为党和国家各项事业的出发点和归宿。在社会主义中国，人民主体地位得到了政治制度的根本保证，人民是中国特色社会主义事业的建设者，也是中国特色社会主义成果的享有者。全面建成社会主义现代化强国"两步走"战略安排，就是围绕人民群众这个主体利益的安排，始终把人民利益摆在首位。社会主义现代化的本质就是共同富裕，这是与资本主义现代化最大的不同。当全体人民一起享受现代化成果、一起达到共同富裕的目标的时候，社会主义的中国才是真正强大的现代化国家。

（四）逐步推进人类社会解放的全新选择

新时代新征程的目标充分体现了社会主义为人类谋解放的本质。中国特色社会主义的事业从来都不仅仅是中国自己的事情，我们始终将世界的发展纳入社会主义事业的范畴之中，这也是社会主义本质的应有之义。习近平总书记强调，中国"始终是世界和平的建设者、全球发展的贡献者、国际秩序的维护者"[①]，"中国人民愿同各国人民一道，推动人类命运共同体建

[①] 习近平：《论坚持推动构建人类命运共同体》，中央文献出版社2018年版，第524页。

设，共同创造人类的美好未来"①。作为世界上最大的社会主义国家，发展的中国是维护世界和平、为人类发展作出贡献的强劲力量，发展的中国为那些期望走向现代化的国家、为解决人类面临的共同问题贡献了中国的智慧和方案。到21世纪中叶，中国实现社会主义现代化强国的目标，不仅是中国人民伟大理想的实现，也对人类发展具有重大的深远的影响和意义，科学社会主义不仅在中国焕发出强大生机活力，也使得社会主义优越性在世界舞台上得以充分体现。

三、新时代新征程的实践路径

习近平总书记指出："新时代中国特色社会主义是我们党领导人民进行伟大社会革命的成果，也是我们党领导人民进行伟大社会革命的继续，必须一以贯之进行下去。"② 当前，我们正阔步走在以中国式现代化推进中华民族伟大复兴的新征程上。全党全国各族人民要团结一心、接续奋斗，朝着全面建成社会主义现代化强国、实现中华民族伟大复兴的目标进军，不断创造更值得骄傲的新的伟大胜利。

（一）全面把握新时代新征程的丰富内涵

"社会主义现代化强国"是一个内涵丰富的概念，包含了"富强、民主、文明、和谐、美丽"，即社会主义现代化强国的标志是物质文明、政治文明、精神文明、社会文明和生态文明得到全面发展和全面提升。社会主义现代化强国建设绝不是轻轻松松就能实现的，需要付出更为艰苦的努力。一方面需要科学的思想和理论的指导，为社会主义现代化强国目标的实现提供思想基础和理论支撑。要结合新时代的发展实现理论的与时俱

---

① 习近平：《论坚持推动构建人类命运共同体》，中央文献出版社2018年版，第493页。
② 《习近平关于"不忘初心、牢记使命"论述摘编》，党建读物出版社、中央文献出版社2019年版，第37页。

进，对社会主义现代化强国目标的实现进行思想上的规划和构建，形成有关现代化强国相关思想体系和理论框架，同时要加强把思想论证转化现实的物质活动实现其强大的物质力量。

党的十八大以来，我们党对社会主义现代化内涵的认识更加深刻、全面，对"中国式的现代化"有着更加独到的理解和回应。"四个全面"战略布局，五大发展理念，"四个伟大"都包含着我们党对新时代社会主义现代化建设的认识，彰显着对社会主义现代化建设实践路径的深度把握。新时代"两步走"战略中的第二步明确要把我国建设成为富强民主文明和谐美丽的社会主义现代化强国，这一目标表述不仅把"美丽"两字写入其中与"富强民主文明和谐"并列，还把"国家"变成"强国"两字，进一步拓展了社会主义现代化的内涵，使社会主义现代化建设的奋斗目标与"五位一体"总体布局有了更好的对接。由此，富强、民主、文明、和谐、美丽的社会主义现代化建设目标在广度和深度上都有了全面拓展，既保证全面推进，又重点突出，体现的是我们党在追求社会主义现代化的过程中认识越来越理性，实践越来越务实。

（二）系统部署新时代新征程的战略目标

到 2035 年，我国发展的总体目标是：经济实力、科技实力、综合国力大幅跃升，人均国内生产总值迈上新的大台阶，达到中等发达国家水平；实现高水平科技自立自强，进入创新型国家前列；建成现代化经济体系，形成新发展格局，基本实现新型工业化、信息化、城镇化、农业现代化；基本实现国家治理体系和治理能力现代化，全过程人民民主制度更加健全，基本建成法治国家、法治政府、法治社会；建成教育强国、科技强国、人才强国、文化强国、体育强国、健康中国，国家文化软实力显著增强；人民生活更加幸福美好，居民人均可支配收入再上新台阶，中等收入群体比重明显提高，基本公共服务实现均等化，农村基本具备现代生活条件，社会保持长期稳定，人的全面发展、全体人民共同富裕取得更为明显的实质性进展；广泛形成绿色生产生活方式，碳排放达峰后稳中有降，生态环境根本好转，美丽中国目标基本实现；国家安全体系和能力全面加强，基本实现国防和军队现代化。在基本实现现代化的基础上，我们要继续奋斗，到本世纪中叶，把我国建设成为综合国力和国际影响力领先的社会主义现代化强国。

未来5年是全面建设社会主义现代化国家开局起步的关键时期，主要目标任务是：经济高质量发展取得新突破，科技自立自强能力显著提升，构建新发展格局和建设现代化经济体系取得重大进展；改革开放迈出新步伐，国家治理体系和治理能力现代化深入推进，社会主义市场经济体制更加完善，更高水平开放型经济新体制基本形成；全过程人民民主制度化、规范化、程序化水平进一步提高，中国特色社会主义法治体系更加完善；人民精神文化生活更加丰富，中华民族凝聚力和中华文化影响力不断增强；居民收入增长和经济增长基本同步，劳动报酬提高与劳动生产率提高基本同步，基本公共服务均等化水平明显提升，多层次社会保障体系更加健全；城乡人居环境明显改善，美丽中国建设成效显著；国家安全更为巩固，建军一百年奋斗目标如期实现，平安中国建设扎实推进；中国国际地位和影响力进一步提高，在全球治理中发挥更大作用。

（三）坚决贯彻新时代新征程的理论要求

一是坚持和加强党的全面领导。坚决维护党中央权威和集中统一领导，把党的领导落实到党和国家事业各领域各方面各环节，使党始终成为风雨来袭时全体人民最可靠的主心骨，确保我国社会主义现代化建设正确方向，确保拥有团结奋斗的强大政治凝聚力、发展自信心，集聚起万众一心、共克时艰的磅礴力量。

二是坚持中国特色社会主义道路。坚持以经济建设为中心，坚持四项基本原则，坚持改革开放，坚持独立自主、自力更生，坚持道不变、志不改，既不走封闭僵化的老路，也不走改旗易帜的邪路，坚持把国家和民族发展放在自己力量的基点上，坚持把中国发展进步的命运牢牢掌握在自己手中。

三是坚持以人民为中心的发展思想。维护人民根本利益，增进民生福祉，不断实现发展为了人民、发展依靠人民、发展成果由人民共享，让现代化建设成果更多更公平惠及全体人民。

四是坚持深化改革开放。深入推进改革创新，坚定不移扩大开放，着力破解深层次体制机制障碍，不断彰显中国特色社会主义制度优势，不断增强社会主义现代化建设的动力和活力，把我国制度优势更好转化为国家治理效能。

五是坚持发扬斗争精神。增强全党全国各族人民的志气、骨气、底气，不信邪、不怕鬼、不怕压，知难而进、迎难而上，统筹发展和安全，全力战胜前进道路上各种困难和挑战，依靠顽强斗争打开事业发展新天地。

从现在起，中国共产党的中心任务就是团结带领全国各族人民全面建成社会主义现代化强国、实现第二个百年奋斗目标，以中国式现代化全面推进中华民族伟大复兴。蓝图已经绘就，号角已经吹响。在全面建设社会主义现代化国家新征程上，我们要深刻把握中国式现代化的本质要求，始终坚持前进道路上必须牢牢把握的重大原则，以中国式现代化全面推进中华民族伟大复兴。中国共产党人关于社会主义现代化的理论和实践，随着时代的进步和社会主义事业的发展，呈现出无限光明的前景——富强民主文明和谐美丽的社会主义现代化强国屹立在世界东方，将彻底改变中华民族的发展面貌，也将进一步改写世界现代化的历史进程。

第五章 新时代坚持和发展中国特色社会主义的四川实践

党的二十大报告阐述了新时代新征程我们党的使命任务，明确了中国式现代化的中国特色、本质要求和重大原则，指明了全面开启建设社会主义现代化国家开局起步关键时期的主要目标任务，是统揽四川推进现代化建设的总纲领。要深刻理解中国式现代化的本质要求和根本特征，准确把握中国特色、中国道路的根本内涵，并将其贯穿于治蜀兴川事业发展各方面全过程中。

四川现代化是中国式现代化的生动缩影和重要组成部分。四川是我国经济大省、人口大省、资源大省和科教大省，是"一带一路"建设、长江经济带发展的战略腹地和重要纽带，是新时代推进西部大开发形成新格局的重要组成部分，是国家重大战略成渝地区双城经济圈建设中带动全国高质量发展重要增长极的核心之一，在全国的战略地位十分重要。省委第十二届二次全体会议强调，党的二十大指明了以中国式现代化推进中华民族伟大复兴的前进方向，明确了全面推进社会主义现代化强国建设的使命任务。省委系列工作会议对持续深入学习、深刻领悟、贯彻落实习近平总书记来川视察重要指示精神和对四川工作系列重要指示精神作出安排部署，提出"六个深刻把握""六个担当""六个过程"，认真学习贯彻落实党的二十大精神，持续深化落实习近平总书记对四川工作系列重要指示精神，自觉把力量汇聚到实现党的二十大确立的各项任务中来，坚持推动党的二十大战略决策部署在四川生根落地。

一、决战脱贫攻坚、决胜全面小康的四川贡献

（一）历史性的脱贫攻坚成就

党的二十大报告指出："我们坚持精准扶贫、尽锐出战，打赢了人类历史上规模最大的脱贫攻坚战，全国八百三十二个贫困县全部摘帽，近一亿农村贫困人口实现脱贫，九百六十多万贫困人口实现易地搬迁，历史性地解决了绝对贫困问题，为全球减贫事业作出了重大贡献。"在党中央的坚强领导下，四川历经波澜壮阔的脱贫攻坚伟大征程并取得巨大的历史性成就，使曾经的集中连片贫困地区面貌发生了沧海桑田的变化，贫困群众的生产生活也发生了翻天覆地的改变。党的十八大以来，四川省委、省政府认真贯彻落实中央扶贫开发决策部署，始终把脱贫攻坚作为最大的政治责任、最大的民生工程、最大的发展机遇来抓，举全省之力决战决胜脱贫攻坚。最终，全省集中连片特困地区全面摆脱贫困，特别是聚力攻克大小凉山彝区深度贫困堡垒，与全国人民一道全面建成小康社会，兑现了向全省人民的庄严承诺。习近平总书记也一直深情牵挂着四川各族群众，十分关心重视四川工作，多次来川视察指导、多次作出重要指示批示，让全省干部群众倍感关怀、备受鼓舞。2022年6月，习近平总书记在四川考察时强调，"要坚决贯彻党中央决策部署，弘扬伟大建党精神，坚持稳中求进工作总基调，完整、准确、全面贯彻新发展理念，主动服务和融入新发展格局，统筹疫情防控和经济社会发展，保持经济稳定发展，保持社会大局稳定，推动治蜀兴川再上新台阶，在全面建设社会主义现代化国家新征程上奋力谱写四川发展新篇章，以实际行动迎接党的二十大胜利召开"。在决战脱贫攻坚、决胜全面小康中，四川主要取得了以下历史性的成就。

1. 四川脱贫地区经济实力翻了一番

根据四川省统计局公布的数据，通过八年的脱贫攻坚奋战，四川地区生产总值从2012年的23849.8亿元增加到了2022年的56749.8亿元。人

均地区生产总值从 2012 年的 29579 元增加到 2022 年的 67777 元。其中，2022 年全省脱贫户家庭年人均纯收入 12631 元，增速达 14.2%，高于全省农村居民人均可支配收入的增速。

2. 群众生活水平明显提高，物质基础稳固

四川始终坚持人民至上的发展理念，大力通过"造血式"扶贫的方式来帮扶贫困群众。在收入结构方面，全省贫困家庭已实现吃穿不愁、稳定增收，生活品质大幅提升，获得感、幸福感、安全感明显增强，满怀信心朝着富裕富足生活迈进。

通过产业就业扶贫的方式，很多贫困人口依靠产业和就地产业务工脱贫，没有劳动能力的贫困人口通过低保的社会保障政策进行兜底。比如，阿坝与浙江长期开展协作，浙江省主要通过赴浙务工、"净土阿坝"产品销售、"扶贫车间+托管园"帮扶模式等对阿坝进行帮扶。

3. 住房安全建设全面推进，居住环境极大改善

四川在"十三五"期间实现易地扶贫搬迁人口 136 万余人（规模居全国第二），通过易地扶贫搬迁和农村危房改造，让脱贫群众住上了通电通水、安全敞亮的"安心房"，老百姓千百年来的安居乐业梦想终于成真。"悬崖村"就是一个易地扶贫搬迁安置的样板，悬崖村贫困户全部搬迁到昭觉县城集中安置点，从此结束了曾经步步惊心"爬藤梯"的危险生活。精准扶贫以来，悬崖村的村民历经了从"爬藤梯"到"攀钢梯"，再到如今轻轻松松"走楼梯"的生活巨变，其中折射出脱贫地区的"光速进化"，成为四川易地扶贫搬迁的生动案例。

4. 社会事业全方位提升，教育医疗水平明显提高

在教育事业上，四川一直坚持着力改善贫困地区办学条件，全面实行民族地区 15 年免费教育、"9+3"免费职业教育。在学前教育方面，四川首创"一村一幼"计划。提出"学好普通话、养成好习惯、懂得感恩情"，消除儿童教学语言障碍，通过实施"学前学普"行动试点惠及脱贫地区学龄前儿童。持续改善园舍条件，培训提升辅导员保教保育水平。

"学前学会普通话"行动试点项目被国务院扶贫开发领导小组评为全国脱贫攻坚组织创新奖。全省通过大力实施贫困地区办学条件改善计划、民族教育十年行动计划、大小凉山彝区教育扶贫提升工程等项目，改善基本办学条件，补齐硬件设施短板，使建档立卡贫困家庭学生实现应读尽读。

在医疗卫生条件上，四川深入实施健康扶贫，贫困人口全部纳入基本医保、大病保险、医疗救助制度覆盖范围。全省基本构建起县、乡、村三级医疗卫生服务体系，乡乡有卫生院、村村有卫生室，贫困患者县域内住院医疗费用个人支付的占比控制在10%以内。

在社会保障事业上，脱贫地区逐渐建立起农村养老服务体系和农村留守儿童和困境儿童关爱服务体系和相关配套服务设施，提升农村公办养老机构照护能力。对脱贫人口中完全丧失劳动能力或部分丧失劳动能力、无法通过产业或就业获得稳定收入的人口，依规纳入低保、特困人员救助供养范围。凉山州深入实施"童伴计划""百镇千村·助爱牵手""快乐同行""索玛花开"等儿童关爱服务项目，全面推进乡镇儿童工作站和村"儿童之家"等关爱服务阵地建设，全方位、多层次建设儿童关爱服务体系。

5. 特色优势产业突出，地方经济发展迅速

在特色产业发展方面，四川坚持把扶贫产业作为脱贫攻坚的治本之策，着力发展特色优势产业，推行"一村一品"，扩大种养规模、提升产品品质、做长产业链条。现在每个贫困县都建有现代农业园区、每个贫困村都有集体经济，有力助推了脱贫地区加快发展。

在新产业新业态融合发展方面，四川民族地区有着丰富的自然风光、农耕文明、民族风情、红色文化、阳光康养等资源，地方政府利用民族地区自然风光和生态环境优势，通过农文旅融合、产文旅融合，开发农业产业发展与生态旅游相结合的组合产品，创新推出生态农业、文化创意、红色教育、研学旅游和"农业+旅游"、"乡村+旅游"、"农业+互联网"、生态庄园、产业庄园等新产业新业态。在发展过程中注重对乡村旅游规划的优化完善，完善旅游基础和服务设施，培育提升乡村旅游品牌。四川某些民族地区的产文旅融合取得了比较好的成效。

6. 实现交通路网内联外畅，基础设施条件极大改善

通过大力开展交通扶贫，彻底结束"三州"州府不通高速公路的历史。通过"溜索改桥"工程，全面终结了"溜索时代"，实现"乡乡通油路、村村通硬化路"。凉山州阿布洛哈村实现车路双通，撕掉了"全国最后一个不通公路建制村"的标签。同时，四川修建起了一批能源、水利、通信等基础设施项目，脱贫攻坚时期。经过电网升级改造，四川"三区两州"电网建设工程全部建成投产，全面解决脱贫地区供电质量不达标问题，通过基础设施项目的兴建，即使在最偏远的地区，群众也能用电灯、看电视、打电话、上网。

7. 扎实推进移风易俗，陈规陋习逐渐打破

通过扶贫扶智扶志相结合，深入推进移风易俗、建设文明乡风、开展感恩奋进教育，大力整治"薄养厚葬、高额彩礼、相互攀比、铺张浪费"等陈规陋习。推广"星级激励""村民积分制管理"的内生动力激励模式，实施千村文化扶贫行动、"万千百十"基本公共文化服务活动，有效激发贫困群众内生动力，使他们的思想观念、思维认识、科学认知、生活方式和法治观念都发生了巨大转变。同时，加强对民族传统文化的保护与传承，对非物质文化遗产进行保护，弘扬优秀民族传统文化，开发和展示民族文化资源，打造了一批特色民族文化品牌。

四川已全面消除了绝对贫困和区域性整体贫困，顺利完成决战脱贫攻坚这场艰巨的任务。脱贫攻坚不仅促进了脱贫地区经济社会加快发展，还使党同人民群众联系更加密切，使党在农村的执政基础更加巩固。同时，通过脱贫攻坚战的磨砺，培养打造了一支听党指挥、懂农业爱农村爱农民、吃苦耐劳、敢打敢拼的基层干部队伍，展现了东西部扶贫协作等社会主义制度强大的组织动员力，提高了全面从严治党的政治领导力，加强了脱贫地区基层治理、密切了干群关系、夯实了党的执政根基，为乡村振兴打下了牢固的基础条件、人才保障和机制模式。

（二）欠发达地区走高质量发展道路的伟大实践

党的十八大以来，四川省委省政府高举习近平新时代中国特色社会主义思想伟大旗帜，深入贯彻落实习近平总书记对四川工作系列重要指示精神和党中央决策部署，立足四川实际，主要聚焦"两不愁、三保障"标准和"四个好"工作目标，着力在住房、产业、就业、基础设施、教育、健康、生态扶贫领域开展七大攻坚行动，采取了一系列有力措施，并最终全面打赢了脱贫攻坚战。

1. 统筹推进贫困村新村建设工作，补齐安全住房短板

四川深度贫困地区最突出的问题是住房安全保障，住房安全既是脱贫的基本标准，又是保障贫困群众生活的基本条件。省委、省政府以"四大片区"贫困县为重点，以贫困户住房安全有保障为目标，统筹推进贫困村新村建设工作。重点包括新村配套设施建设、建档立卡贫困户农村危房改造、藏区新居建设、彝家新寨建设四个建设计划，完善相关安全住房政策措施和工作安排，进一步加大力度推进落实。一是适度调整计划安排，提前启动贫困群众住房安全建设。二是加强资金筹措，在用好用活易地扶贫搬迁、藏区新居、彝家新寨等支持政策和外界帮扶资源的同时，采取地方财力调整安排、争取发行地方政府债券、土地增减挂钩节余指标异地交易收益等方式，全力保障早启动、早建成、早入住。三是整体提升住房建设水平，在加强监督、严格验收、确保贫困户住房建设质量的基础上，统筹谋划、整合资源解决好临界贫困户的石板房、瓦板房、茅草房问题，强化住房安全有保障。四是加强基础设施和公共服务配套，启动"1+N"村级公共服务中心建设，硬化农村公路，着力消除住房建设的交通瓶颈。

2. 统筹实施易地扶贫搬迁专项计划，改善贫困群众生活环境

四川深度贫困地区的很多贫困群众居住在高寒山区、严重干旱缺水地区和地质灾害多发区，需要进行易地扶贫搬迁。一是集中安置。在高原藏区和大小凉山彝区等地，根据资源环境承载能力，尽可能采取集中安置方式。集中安置主要包括五种方式：依托特色产业园区安置。结合新型工业化建设，在特色产业园区附近建设集中安置区，安置具有一定劳务技能的搬迁对象。依托小城镇安置。结合新型城镇化建设，在县城、小城镇建设集中安置区，安置具有一定劳务技能、商贸经营基础的搬迁对象。行政村内就近安置。依托靠近交通要道的中心村、聚居点，引导行政村内的搬迁对象就近集中安置。依托乡村旅游区安置。挖掘当地生态旅游、民俗文化等资源，因地制宜打造乡村旅游重点村或旅游景区，引导周边地区搬迁对象适度集中并发展乡村旅游。建设移民新村安置。依托新开垦或调整使用的耕地，在县域内乡镇或行政村建设移民新村，引导搬迁对象就近集中安置。二是分散安置。尽量靠近乡镇政府、村委会、学校、卫生院（站）或公路沿线基础设施条件较好的地方建设安置地，减少基础设施和基本公共服务设施建设支出。主要包括以下两种方式：自主搬迁安置——依托安置区已有基础设施、基本公共服务设施及土地、空置房屋等资源，通过插花安置等方式安置农村建档立卡贫困户。其他方式安置——通过投亲靠友、进城购房、当地政府回购空置房屋等方式，安置农村建档立卡户。

3. 大力推进特色产业发展，高质量打好产业扶贫攻坚战

一是大力发展特色优势产业。指导贫困地区因地制宜选好产业，围绕四川"10＋3"产业体系，指导贫困县因地制宜、做好做强"川字号"农业产业，大力发展一村一品。围绕特色优势产业加强基地建设。按照"区域、流域、全域"布局的思路，优化产业布局。针对贫困地区农业生产薄弱环节，统筹推进基础设施建设，大力提升农机装备水平。二是促进一二三产业融合发展。科学建设现代农业园区，推动贫困地区现代农业园区建设，积极开展农产品商品化处理。大力发展"庭院经济"，积极在贫困地区推广小果园、小桑园、小茶园、小鱼塘、小药园的五小"庭院经济"模式。着力发展休闲农业，因地制宜发展休闲农业和乡村旅游，促进农业与旅游业的深度融合发展，拓宽农民就业增收渠道。三是建立健全产销对接体系。严格贫困地区农产品认证，完善生产、加工、流通标准和管理制度，提高贫困地区农产品质量和信用。支持中小品牌抱团发展，持续做大做强"大凉山""圣洁甘孜""净土阿坝""广元七绝""巴食巴适"等地方特色品牌。加大市场开拓力度。积极推进线上营销和线下体验一体化经营，培育一批村级电商服务站点、电商主体，支持在各大电商平台设立"川"字号农产品特色馆、精品店。举办贫困地区品牌农产品推介活动，组织有条件的品牌农产品参加农业博览会等展示展销活动，提升贫困地区品牌农产品知名度。四是不断壮大新型经营主体。加强新型农业经营主体培育，鼓励科研院校、技术专家、工商资本、农技员到贫困地区领办、创办新型农业经营主体。深入开展农民合作社和家庭农场示范创建行动，规范发展家庭农场和农民合作社。大力发展集体经济。培养农业服务专业化人才，开展公益性和经营性农业社会化服务。

4. 提升人力资源利用效率，补齐就业增收短板

就业扶贫是贫困群众最欢迎、最能"吹糠见米"的脱贫举措。为了增加建档立卡户的就业，四川采取了以下措施：一是强化政策和资金支持。制定了鼓励企业和生产经营主体吸纳就业、有组织劳务输出、创业扶持、技能培训等就业扶贫措施，将技能培训、转移就业目标任务细化到县。加大对深度贫困地区政策、资金倾斜力度，强化就业扶贫政策资金保障。二是实施技能培训脱贫行动。扎实开展"送培训下乡""扶贫专班"等培训活动，实施深度贫困地区贫困劳动力技能培训全覆盖行动。三是大力促进转移就业。加强省际劳务协作，促进贫困劳动力向省外有序转移就业。依托省内"35+45"对口帮扶机制，引导贫困劳动力到县外省内就业。积极举办用工企业入村等小微招聘活动和就业扶贫专场招聘会。四是推进就业扶贫载体建设。鼓励和引导园区企业、新型农业经营主体进乡入村设立生产点、建立就业扶贫车间。五是做好东西部扶贫劳务协作。四川省依托东西部劳务扶贫协作机制，开展贫困劳动力岗位需求、就业意愿等情况摸底，按季向帮扶地提供就业需求、岗位供给。建立省际劳务信息共享机制,依托技工院校、职业培训机构等加强培训合作,推行定岗、定向、订单式技能培训。六是开发公益性岗位。在每个贫困村开发一定数量的公益性岗位,专门用于看护孤寡老人、留守儿童和重度残疾人、社会治安协管、护林绿化、维护乡村道路、监测地质灾害、乡村保洁、劳动保障协理、村残疾人工作服务等。

5. 聚焦交通水利通信建设,补齐基础设施短板

一是推进乡村公路建设。新建改建农村公路,实现所有乡镇通油路、所有贫困村实现通村硬化路全覆盖。着眼于贫困地区特别是深度贫困地区交通发展短板,全力推进高速公路、国省干线公路、农村公路、运输场站和养护管理设施等建设。二是水利设施建设快速推进,巩固提升农村饮水安全。聚焦贫困县,实施饮水安全、水源保障、防洪保安、水生态治理和人才支撑五项行动,切实改善贫困地区水利基础设施条件,不断提升贫困地区水利管理技术能力。开展农村饮水安全巩固提升工程,以新建、扩建等措施,通过精准到户到人,全面解决贫困地区的饮水问题。进行防洪保安工程,推进嘉陵江流域、岷江流域、渠江流域贫困县主要支流治理,推进贫困地区防洪抗旱体系建设。三是实施深度贫困县重点道路沿线移动通信网络覆盖项目。结合民族地区全域旅游规划和深度贫困县扶贫相关部署,实施深度贫困县重点道路沿线移动通信网络覆盖工程,实现国道、省道、县道等重点道路沿线4G网络重点覆盖。

6. 全方位提升教学扶贫力度,补齐义务教育短板

教育是阻断贫困代际传递的重要途径。因此,四川省采取了一系列有力的教育扶贫举措。一是全面推进贫困地区控辍保学工作。制定分层分类个性化复学方案,创新工作举措,严格督导考核。完善县长、乡(镇)长、村主任、校长、家长共同负责的责任制,健全控辍保学目标责任制。二是加快改善办学条件。着重改善深度贫困地区义务教育学校寄宿学生生活条件;落实义务教育"三免"政策,免学杂费、教科书费、作业本费,落实城乡义务教育学校(含民办学校)学生的定额补助公用经费;改善普通高中学校办学条件,建立农村中小学校舍安全保障机制。实施《四川省民族地区教育发展十年行动计划(2011—2020年)》。继续实施大小凉山彝区"教育扶贫提升工程",落实民族地区教育特殊补助。支持四川民族地区(主要指甘孜、阿坝、凉山三州)的小学、初中、幼儿园校舍建设、图书和仪器设备购置及深度贫困县义务教育寄宿制学校建设。三是加快推进教育信息化建设。推进实施"宽带网络校校通",建立全省网络教育成长机制,利用四川省教育资源公共服务平台,开展贫困县网络学习空间"人人通"普及应用活动。四是改善学生生活条件。实施学生营养改善计划。全省实施农村义务教育阶段学生营养改善计划,为高海拔地区义务教育阶段学生提供取暖补助。实施普通高校困难毕业生就业帮扶。五是加强教师培养培训。实施教师培养补充计划,重点为相关实施范围县(市、区)乡村中小学校定向培养"一专多能"教师。实施特岗计划。重点支持贫困地区补充理科、音乐、体育、美术等紧缺薄弱学科教师。实施教师素质能力提升计划。加大"国培计划"和省级教师培训项目对贫困地区特别是深度贫困县的支持力度。实施农村教师待遇保障计划。实施援彝"第一校长"计划,整体提升学校办学质量。六是实施推普助力脱贫攻坚行动计划。加大国家通用语言文字教育和推广工作力度,将国家通用语言文字教育融入各级各类教育,推进"学前学会普通话"行动试点。七是推进职业教育发展。深入实施藏区和大小凉山彝区"9+3"免费教育计划,实施深度贫困县五年中高职贯通免费定向培养试点("9+5"免费教育试点),落实好"9+3"免费教育资助政策扩面工作。支持民族地区稳步发展高等职业教育。八是大力推进对口帮扶。深入推进内地优质学校对口帮扶深度贫困县中小学工作,加强教师交流和培训学习,提升学校教师教育管理水平。

7. 聚力提升基本医疗水平,补齐医疗帮扶短板

医疗是扶贫和防止返贫的重要方式之一,为了进一步提升贫困地区基本医疗水平,四川主要采取以下措施:一是大力实施贫困人群医疗救助扶持行动。完善贫困患者精准识别和"十免四补助"医疗扶持，规范应用全国健康扶贫动态管理系统，实现建档立卡贫困人口精准识别和就医信息精准管理。进一步落实先诊疗后结算制度，优先落实建档立卡贫困人口"十免四补助"医疗扶持政策。二是全面落实"两保、三救助、三基金"医保政策。对符合条件并参加了城乡居民基本医保的建档立卡贫困人口的医疗费用，按照基本医保、大病保险、县域内政策范围内住院费用倾斜支付政策、医疗救助、疾病应急救助的顺序予以保障。三是完善分级诊疗制度和医疗费用控制政策。进一步完善贫困地区的分级诊疗制度，坚持"保基本、兜底线"原则，规范建档立卡贫困人口就医秩序和医疗机构诊疗行为。重点依托医疗机构、医务人员、医疗行为信息化监管平台，实施动态、全程、精准监管。严格执行建档立卡贫困人口医疗费用公示制度。四是大力实施贫困人群公共卫生保障行动。精准实施建档立卡贫困人口免费健康体检及基本公共卫生服务，对贫困人口开展免费健康体检。对重点人群实施精准健康教育、健康管理。对建档立卡贫困人口的家庭医生签约服务应签尽签。五是加强贫困地区传染病监测与防治。强化贫困地区传染病的监测、疫情分析研判和风险评估；落实儿童入托、入学时查验接种证制度；加强贫困地区结核病防治，巩固提升石渠县包虫病综合防治试点工作，强化患者规范治疗。六是加强妇幼健康工作，推动贫困地区儿童营养改善项目和贫困地区新生儿疾病筛查项目扩大到所有贫困县。七是提升县、乡、村三级医疗卫生机构能力。加强贫困县县级医院以人才、技术为核心的重点专科能力建设，持续提升基层医疗卫生机构服务能力。通过实施紧密型医联体建设、集中治疗、远程医疗、巡回医疗和义诊活动，促进优质医疗资源下沉到贫困地区。

8. 加强公共文化服务建设，提升文化扶贫成效

一是加强公共文化设施建设与管理。深入实施"千村文化扶贫行动"，建设县级应急广播平台、数字影院标准化、未成年人心理成长指导中心等，整合村文化室、村级广播、农家书屋、党员远程教育、阅报栏、体育

健身设施等建设贫困村综合文化服务中心（文化院坝）。综合配套建设，完善管理运行机制，开展群众文体活动，打造"一村一院一品牌"，统一标识，健全制度，满足艺术普及与群众文化活动需要。重点支持脱贫村体育健身设施建设，继续建设"彝家新寨"配套体育设施。采用有线电视、地面数字电视、直播卫星三种方式，解决建档立卡贫困户看电视难问题。二是扩大公共文化产品与服务有效供给。通过政府购买社会服务，支持贫困县开展文化遗产保护，组织基层文艺队伍下乡演出、举办乡村艺术展演等活动。开展文化科技卫生"三下乡"活动、戏曲进乡村等专业演出服务活动。开展民俗活动、放映公益电影、举办音乐会等文艺演出，开展非遗展演、民俗赛事、书画摄影展等群众惠民活动。三是加强移风易俗宣传。加强对民族传统文化的保护与传承、弘扬优秀传统文化。通过开发和展示少数民族文化资源，打造一批特色民族文化品牌。实施乡村公共文化服务提升工程，推动公共文化资源向乡村延伸，推进基层社会治理形成共建共治共享格局，推进乡村文明乡风建设，有效提升农村公共文化服务效能。宣传脱贫致富的典型人物，深化感恩教育，激发群众内生动力，防止因观念返贫。大力整治"薄养厚葬、高额彩礼、相互攀比、铺张浪费"等陈规陋习。

9. 提升干部队伍工作能力，做好脱贫攻坚队伍建设工作

打赢深度贫困地区脱贫攻坚战，在坚持党管干部原则的基础上，干部队伍能力是决战决胜的关键因素。一是加大县乡村干部政策培训。充分运用政策文件、培训教材，以县为单位制订干部全员轮训计划，相关行业部门和院校给予师资支持，采取干部培训大讲堂的方式定期开展脱贫攻坚专项辅导培训，对深度贫困地区的干部每年进行全员轮训，解决"政策中梗阻"问题。二是做好基层干部队伍建设。对驻村帮扶干部、对口帮扶干部、挂职扶贫干部经常开展分析评估，及时调整能力不适应、作用不充分的干部。及时调整充实基层干部力量，壮大脱贫攻坚一线力量。重视抓党建促脱贫，大力加强乡镇党委书记、村党组织书记和致富带头人队伍建设，建设一支"永不走"的干部人才队伍。三是做好专业人才队伍建设。

实施农技人员等专业人才能力提升工程，选派培养一批规划建设、水利水电、特色农牧业、乡村旅游业等急需人才。四是严厉整改干部作风。加强懒、散、拖、推等问题治理，在打赢深度贫困地区脱贫攻坚战中培养和检验干部。对工作绩效突出、责任落实到位的干部及时表彰奖励，符合条件的优先提拔使用，对履职不力、作风不实的干部落实诫勉谈话、岗位调整、组织处理等制度措施，严肃查处扶贫领域"微腐败"。

（三）伟大的脱贫攻坚精神

1. 始终以习近平总书记扶贫开发战略思想为根本遵循，坚决落实中央的决策部署

2021年2月，习近平总书记在全国脱贫攻坚总结表彰大会上的讲话中强调："事实充分证明，中国共产党具有无比坚强的领导力、组织力、执行力，是团结带领人民攻坚克难、开拓前进最可靠的领导力量。只要我们始终不渝坚持党的领导，就一定能够战胜前进道路上的任何艰难险阻，不断满足人民对美好生活的向往！"2022年6月，习近平总书记在四川省眉山市考察时再一次强调，"要把党的基层组织建设好，团结带领乡亲们脱贫之后接续推进乡村振兴"。基层党建工作不仅是打赢脱贫攻坚战的关键和根本，也是实施乡村振兴战略的关键和根本。党的十八大以来，习近平总书记就扶贫开发发表了系列重要讲话，提出了新理念新思路新举措，为深入推进脱贫攻坚提供了行动指南和基本遵循。理论是行动的先导，四川把脱贫攻坚作为树牢"四个意识"、坚定"四个自信"、做到"两个维护"的自觉行动，充分发挥各级党委总揽全局、协调各方的领导作用，全面落实"省负总责、市县抓落实"的领导体制，作出《关于集中力量打赢扶贫开发攻坚战确保同步全面建成小康社会的决定》，制定出台了系列政策措施，有力有效推进脱贫攻坚。实践证明，习近平总书记扶贫工作重要论述具有鲜明的时代性、创新性、实践性，有着强大的真理力量。只有始终以坚持习近平总书记扶贫开发战略思想为指引，善于运用其中蕴含的方法

论和观点立场，就一定能够敏锐发现问题，理性分析问题，有效解决问题，攻克脱贫攻坚中的一切困难。

2. 坚持"两不愁、三保障"与"四个好"的有机统一，因地制宜提出与四川实际适宜的目标

四川在坚持精准扶贫精准脱贫基本方略和中央提出的"两不愁、三保障"目标的基础上，把握四川"四大片区"的共性和个性特征，结合"六个精准"要求，下足"绣花"功夫，因村因户因人施策，对症下药，细化制定贫困人口脱贫、贫困村退出和贫困县摘帽的具体工作要求，提出了"1超6有"的贫困人口脱贫标准、"1低5有"的贫困村退出标准、"1低3有"的贫困县摘帽标准，解决了"扶持谁、谁来扶、怎么扶、如何退"这四大现实难题。同时结合四川实际，创新提出住上好房子、过上好日子、养成好习惯、形成好风气的"四个好"工作目标。实践证明，"四个好"工作目标既符合中央精神，又把准了四川贫困地区的特点，为全省脱贫攻坚提供了目标指引。

3. 持续推进体制机制创新，形成重点突出、健全完善的政策保障体系

四川探索出许多脱贫攻坚实践经验，很多经验在全国都具有首创性和独创性。在体制机制上，"坚持党的领导，为脱贫攻坚提供坚强政治和组织保证"①。四川全面建立起"党政一把手负总责、五级书记一起抓"的指挥作战体系、"3+10+N"政策体系、任务与资金相匹配的投入体系、常态督导检查工作体系、"1+N"成效考评体系等。配套制定19项脱贫攻坚专项政策。在思想认识上，四川提出把脱贫攻坚作为最大的政治责任、最大的民生工程、最大的发展机遇，体现了四川对脱贫攻坚认识的高度、宽度和深度；颁布了全国第一部全面贯彻精准扶贫精准脱贫理念的省级扶贫法规，每年都开展执法检查，确保了扶贫工作在法治的轨道上运

---

① 习近平：《在全国脱贫攻坚总结表彰大会上的讲话》，《人民日报》2021年2月26日。

行。在动态退出机制上，对"两不愁、三保障"标准进行动态评价和细化实化，提出贫困县"一低三有"、贫困村"一低五有"、贫困人口"一超六有"的精细化退出标准，使精准扶贫更具操作性和可评价性。四川还在全国率先开展了"两不愁、三保障"的"回头看"大排查，实时全面摸清基层问题和情况，及时纠错补缺，保证脱贫攻坚的公平公正。此外，四川还创新了"互联网＋精准代理记账"、防止返贫监测帮扶机制等，以科技手段支撑脱贫攻坚。在帮扶力量上，从全省各级各部门调派多名扶贫干部，组成多支综合帮扶工作队常驻凉山开展帮扶，创新实施了贫困村"五个一"帮扶和非贫困村"三个一"驻村帮扶工作机制，确保脱贫攻坚政策在基层顺利执行。

4. 借助社会力量形成强大合力，打造政府、社会、市场共同参与的扶贫大格局

东西部扶贫协作和对口支援，是推动区域协调发展、协同发展、共同发展的大战略，是打赢脱贫攻坚战、实现先富帮后富、最终实现共同富裕目标的大举措。四川通过不断深化东西部扶贫协作、定点扶贫、省内对口帮扶，深入推进"政协委员——我为扶贫做件事""万企帮万村""国企入凉"等行动，充分调动新经济组织、新社会组织等社会各界力量参与帮扶的积极性，加大产业培育、消费帮扶、项目合作等力度，构建起政府、社会、市场协同推进和群众主动参与的大扶贫格局，充分体现了社会主义大家庭的温暖，为实现有效衔接打下了坚实的思想堡垒和行动基础。

5. 始终坚持开展调研督导检查，着力构建层层抓紧抓实的脱贫攻坚格局

在脱贫攻坚时期，四川坚持实施"责任制＋清单制"以落实高位督导工作，建立工作台账，列出问题、整改、责任三张清单，逐项抓好落实。脱贫攻坚时期，四川从省、市、县三级共抽派多名业务骨干参与，组成工作组，逐县逐村逐户验收考核评估。认真完成调研、督导、验收、评估、考核等重要环节工作，层层压实责任、推动精准到位，确保中央和省委决策部署落实落地。

二、新时代推进社会主义现代化四川建设的根本遵循

党的二十大深刻阐述了新时代新征程我们党的使命任务，标志着以中国式现代化全面推进中华民族伟大复兴全面启动，向全党发出了朝着第二个百年奋斗目标进军的冲锋号。四川省委第十二届二次会议决定，坚定以党的二十大精神统揽新时代治蜀兴川全局，坚定拥护"两个确立"、坚决做到"两个维护"，牢牢把握习近平新时代中国特色社会主义思想的世界观和方法论，坚定不移走中国式现代化道路，全面开启社会主义四川现代化建设新征程。

（一）坚定以习近平新时代中国特色社会主义思想和习近平总书记对四川工作系列重要指示精神为指导

党的十八大以来，习近平总书记从党和国家战略全局出发，对四川工作作出系列重要指示，对推动治蜀兴川再上新台阶提出了明确要求，系统阐明了四川发展"怎么看、怎么办、怎么干"等一系列重大问题，为新时代治蜀兴川提供了方向指引。习近平总书记关于四川工作发展形势任务的重要指示，来源于习近平新时代中国特色社会主义思想宏大理论体系，根植于习近平新时代中国特色社会主义思想在四川的生动实践，是引领新时代四川工作的纲领旗帜，为全面推进社会主义现代化四川建设提供了根本遵循。

1. 坚定以习近平新时代中国特色社会主义思想为根本引领

习近平新时代中国特色社会主义思想是当代中国马克思主义、二十一世纪马克思主义，科学回答中国之问、世界之问、人民之问、时代之问。这一光辉思想，以全新视野深化了对共产党执政规律、社会主义建设规律、人类社会发展规律的认识。以习近平同志为核心的党中央综合分析国际国内形势和我国发展条件，在成功推进中国式现代化基础上，聚焦第二

个百年奋斗目标,即如何全面建设社会主义现代化国家这一重大问题,提出一系列新理论新理念新战略,极大丰富了中国式现代化的新内涵,提出全面建成社会主义现代化强国的战略安排。全面建成社会主义现代化强国,既是党团结带领全国各族人民实现中华民族伟大复兴的阶段性任务,是党领导人民持续推进革命、建设、改革事业的必然选择,也是党带领人民为实现复兴大业而接续奋斗的应然使命。

要牢牢把握习近平新时代中国特色社会主义思想的世界观和方法论。要恪守马克思主义唯物论,始终坚持实事求是,牢牢把握住四川省情和发展阶段,将四川实际作为推进现代化建设的出发点。要坚持好、运用好贯穿其中的立场观点和方法,坚定用习近平新时代中国特色社会主义思想武装头脑、指导实践、推动工作,自觉做习近平新时代中国特色社会主义思想的坚定信仰者、积极传播者、忠实实践者。要深刻领会"两个结合""六个必须坚持",切实转化为坚定理想、锤炼党性和指导实践、推动工作的强大力量,为推动新时代治蜀兴川再上新台阶提供思想引领。

要紧紧围绕习近平总书记对四川工作的重要指示批示精神,要坚定以中国式现代化为引领,加快推进四川现代化建设,走出一条体现四川特色、服务国家全局的高质量发展之路。要深刻分析四川发展的国际国内环境,准确把握四川全面建成社会主义现代化强国的目标要求,不断夯实现代化四川建设的各项条件和基础。要增强政治自觉,保持政治定力,强化政治责任,明确工作抓手,一项一项落实、一件一件推进,坚决把领袖的深切关怀转化为奋进力量,把领袖的殷殷嘱托转化为自觉行动,把领袖的战略擘画转化为美好现实,努力推进现代化建设。

2. 坚持中国特色社会主义是推进现代化建设的本质要求

中国特色社会主义进入新时代,习近平总书记对全面建设社会主义现代化国家作出了新的理论概括,提出要实现中国式现代化,必须坚持和发展中国特色社会主义的方向,全面揭示了中国式现代化的本质要求之一,就是坚持中国特色社会主义。习近平新时代中国特色社会主义思想作为引领中国特色社会主义新时代的纲领、旗帜和灵魂,其核心要义是坚持和发展中国特色社会主义。

中国特色社会主义是党和人民把马克思主义基本原理同中国具体实际、中华优秀传统文化有机结合起来,批判地吸收和借鉴人类优秀文明成果,科学把握历史发展趋势和时代特征所形成的独立创造,是中华民族伟大复兴的必由之路,是中国历史发展的必然结果,是党和人民的自主选择。党的二十大报告特别强调,必须牢牢地坚持中国特色社会主义道路,是实现中华民族伟大复兴的必由之路。

中国特色社会主义形成和发展了中国式现代化的发展道路,创造了人类文明发展的新形态。中国特色社会主义既创造更多物质财富和精神财富以满足人民日益增长的美好生活需要,也提供更多优质生态产品以满足人民日益增长的优美生态环境需要,既推动全人类物质文明的不断丰富与发展,又不断弘扬和平、发展、公平、正义、民主、自由的全人类共同价值,为世界贡献了中国智慧、中国方案,创造了人类文明的新形态,推动人类文明不断发展。建设社会主义现代化四川,必须要立足新发展阶段,贯彻新发展理念,构建新发展格局,实现更高质量、更有效率、更加公平、更可持续、更为安全发展。

3. 坚持以人民为中心是推进现代化建设的根本目标

习近平总书记多次强调,要牢固树立以人民为中心的发展思想。中国共产党人的初心和使命就是为中国人民谋幸福,为中华民族谋复兴。以人民为中心是党的根本政治立场,是激励共产党人不断前进的根本动力。中国共产党领导人民打江山、守江山,守的是人民的心。在中国共产党的领导下,我国建设社会主义现代化国家的目标始终与人民的需要紧密结合。牢固树立以人民为中心的发展思想,是中国特色社会主义现代化建设的使命,是中国式现代化道路的本质特征。社会主义现代化建设是以人为核心的现代化。党的二十大报告指出:"坚持以人民为中心的发展思想。维护人民根本利益,增进民生福祉,不断实现发展为了人民、发展依靠人民、发展成果由人民共享，让现代化建设成果更多更公平惠及全体人民。"

坚持以人民为中心，是形成正确的发展观和现代化观的前提。要坚持以人民为主体地位去推动现代化建设，以人民为中心贯穿现代化建设始终，使现代化真正为人民服务，以实现人民的全面发展。要牢牢把握"发展为了人民"的根本思路，在经济社会发展的各个环节、各项工作中都体现和保障人民群众的利益；牢牢把握"发展依靠人民"，尊重人民的主体地位和首创精神，最充分地调动人民群众的积极性、主动性、创造性，最大限度地集中全社会的智慧和力量；牢牢把握"发展成果由人民共享"，推进现代化建设取得的各方面成果，体现在充分保障人民享有的经济、政治、文化、社会、生态等各方面权益上，让现代化成果更多更公平惠及全体人民；要厚植为民情怀，在认真践行以人民为中心的发展思想、不断保障和改善民生上作表率。

要把人民对美好生活的向往作为我们的奋斗目标。我们党为人民而生、因人民而兴，始终坚持全心全意为人民服务的根本宗旨，坚持人民至上，牢记江山就是人民、人民就是江山，相信人民是历史的创造者和真正的英雄，尊重人民的意愿和实践经验，充分发挥人民群众首创精神，持续推进以科技创新为核心的全面创新，为人民过上更加幸福美好生活注入持久动力。

（二）牢牢把握新时代治蜀兴川的总体要求

习近平总书记指出，中国特色社会主义进入新时代，四川发展也站在了新的起点上；强调要站在更高起点谋划发展，把推动发展的立足点转到提高质量和效益上来；要求统筹推进"五位一体"总体布局、协调推进"四个全面"战略布局，突出"五个着力"的重点任务，推动治蜀兴川再上新台阶。① 这些重要指示，代表着习近平总书记对四川发展的科学指导，

---

① 王晓晖：《高举习近平新时代中国特色社会主义思想伟大旗帜　团结奋进全国建设社会主义现代化四川新征程——在中国共产党四川省第十二次代表大会上的报告》，《四川日报》2022年6月6日。

展现了习近平总书记对四川发展大势的精准把握，为四川未来发展擘画新篇、引领航向。全面落实习近平总书记考察四川重要指示精神、紧扣新时代新的实践要求，着力推动四川经济发展质量、全面改革开放、人民生活水平、文化繁荣发展、生态文明建设、党的建设再上新台阶。

1. 深刻把握四川迈步现代化建设新征程的发展方位

一是要牢牢把握住四川迈步现代化建设新征程的发展方位。四川是"一带一路"建设、长江经济带发展的战略腹地和重要纽带，是新时代推进西部大开发形成新格局的重要组成部分，是国家重大战略"成渝地区双城经济圈"建设中带动全国高质量发展重要增长极的核心之一，在融入以国内大循环为主体、国内国际双循环相互促进的新发展格局中面临重要战略机遇期。

二是要认清四川在国家推进社会主义现代化建设中的战略大局和发展定位，主动将社会主义现代化建设融入国家战略中，准确把握四川现代化建设的发展特征和发展方向，鲜明确立四川推进现代化建设的主攻方向。要科学把握住四川省情和阶段发展特征，紧紧围绕社会主义现代化建设的工作思路，深入实施战略部署，坚持稳定发展与开放前进协同发展，激发现代化建设新动能。

三是正确把握当前四川经济社会发展的阶段性特征。深刻认识和把握建设社会主义现代化国家开局起步关键时期的主要目标任务，是审视四川新时代所处历史方位、谋划全面推进社会主义现代化建设的立足点。在向第二个百年奋斗目标进军的新发展阶段。四川发展不平衡不充分的问题较为突出，产业结构不平衡，优势产业不突出，产业变革推动难，区域发展差距大，经济活力不够，民生投入欠债多，人均水平靠后等问题挑战仍然明显。为此，要深刻认识到四川当前发展阶段带来的新使命新要求，立足于基本省情，把握发展规律，明确全面建成社会主义现代化四川的战略部署。

2. 深刻认识四川迈步现代化建设新征程的重要定位

习近平总书记从党和国家的战略全局出发，指出我们建设的现代化必须是具有中国特色、符合中国实际的。中国现代化具有不同于西方现代化的内涵特征，创造了人类文明新形态。要坚持中国式现代化的本质要求，在我国发展的方针政策、战略战术、政策举措、工作部署中得到体现，推动全党全国各族人民共同为之努力。因此，要明确四川当前社会主义现代化建设中的主要矛盾变化，将发展的立足点转到高质量和效益中来，坚持稳定发展与开放前进协同发展，激发现代化建设新动能。

坚持以新发展理念为统领，牢牢抓住发展这个关键，以高质量发展推动现代化建设，以人民对美好生活的向往为使命，以实现社会主义现代化的任务为战略目标，不断统筹推进经济建设现代化、政治建设现代化、文化建设现代化、社会建设现代化和生态文明建设现代化。要坚定不移地走社会主义现代化道路，继续深化各方面体制机制改革，围绕建设中国特色社会主义法治体系、建设社会主义法治四川的目标，坚持全面从严治党，牢牢把握历史主动，在全面建设社会主义现代化四川新征程上协调推进"四个全面"。

要坚持四川现代化建设的发展方向。坚持创新驱动发展，以重大科技创新引领高质量发展，着力推动区域协调发展、城乡协调发展、物质文明和精神文明协调发展，推进人与自然和谐共生，加大对外开放新体制，践行以人民为中心的发展思想，扎实贯彻"五个着力"思想，奋力保障迈步四川社会主义现代化新征程朝着习近平总书记指引的方向前进。

3. 不断强化现代化四川建设的总体工作布局和任务部署

四川全面开启迈步现代化建设新征程，要深刻领会习近平总书记关于"推动治蜀兴川再上新台阶""着力推动经济高质量发展"等重要指示，深入把握现代化四川建设的整体布局和任务部署。要明确四川现代化建设的主攻方向，要服务和融入国家发展大局，充分利用四川发展的战略机遇，拓展现代化国家建设的战略优势，完善基础设施新布局、塑造区域协同新格局、构建现代产业新体系、培育创新驱动新优势。

要认清四川在国家推进社会主义现代化建设中的前进方向。紧紧围绕

"讲政治、抓发展、惠民生、保安全"的工作总思路，更加坚定自觉地贯彻党中央大政方针和决策部署。坚持稳中求进工作总基调，牢固树立和自觉践行新发展理念，准确把握主要矛盾、聚焦中心任务，更好统一全省上下的思想和行动。要以"成渝地区双城经济圈"建设为总牵引，锚定"一极一源、两中心两地"目标定位进行全面部署，坚决扛起国家赋予的战略使命，在推动高质量发展上作出表率。要以"四化同步、城乡融合、五区共兴"为战略布局，推动新型工业化、信息化、城镇化和农业现代化在时间上同步演进、空间上一体布局、功能上耦合叠加，加快推进城乡融合发展，促进省内先发地区同欠发达地区协同共兴，以此统揽四川现代化建设全局。

（三）牢牢把握新时代治蜀兴川的重大原则

习近平总书记多次就四川发挥独特优势、更好服务国家发展全局作出重要指示，强调四川是西部大省，在全国社会主义现代化进程中具有重要地位。四川地处"一带一路"和长江经济带核心腹地优势，是经济大省、人口大省、农业大省和生态大省，在全国经济格局中占有重要位置，在社会主义现代化国家建设进程中发挥重要作用。要加强对四川社会主义现代化建设中的关键问题、难点问题的研究，进一步明确了四川在全国大局中的地位和作用，极大拓展了新时期四川现代化建设的格局和视野。

1. 建设推动新时代西部大开发形成新格局的战略枢纽

习近平总书记提出，四川要"打造带动全国高质量发展的重要增长极和新的动力源""努力走在西部全面开发开放的前列"。深入贯彻习近平总书记对四川发展的重要指示精神，加快推动"成渝地区双城经济圈"建设，构筑内陆开放战略高地和参与国际竞争的新基地，建设推动新时代西部大开发形成新格局的战略枢纽。突出经济建设和发展支撑相统一，提出建设支撑高质量发展的现代化经济体系，要求依靠创新驱动塑造发展优势，同步推进新型工业化、信息化、城镇化和农业现代化，加快转变发展方式、优化经济结构、转换增长动力，不断开辟高质量发展新境界。强力推进开放通道建设，建立全方位开放通道体系，尽快打通西线主通道，开拓中线、东线通道，更好畅联"一带"和"一路"，充分利用天府国际机场、中欧班列、国际航空民用航空强枢纽、铁路发展提速度、公路网络上档次、内河航运扩能力，加快补足开放通道短板。加快东向高铁建设通道，直达长三角；加快建设西部陆海新通道，主动融入中新双边合作机制，参与中国－东盟合作框架、中国－中南半岛、孟中印缅、中巴等国际经济走廊建设，对接南亚、东南亚市场，为开放型经济发展拓展新空间；继续深化成都国际班列线路，如同纽带紧密连接四川与欧洲腹地，交往交流和经贸合作不断深化。要推动内陆和沿海沿边沿江协同开放，打造立体全面开放格局，努力走在西部全面开发开放的前列。

2. 成为服务国家科技自立自强和保障产业链供应链安全的战略支撑

要坚决落实习近平总书记提出的"把发展特色优势产业和战略性新兴产业作为主攻方向"等重要要求，构建富有四川特色的科技创新体系和现代产业体系，成为服务国家科技自立自强和保障产业链供应链安全的战略支撑。因此，要进一步解放思想，大力推动科技创新，强化重大创新平台建设，培育强科技创新主体，加强关键核心技术攻关和转化，加快建设具有全国影响力的创新中心，营造良好的创新氛围，促进技术创新、全民创新，力争在2025年建成国家创新驱动发展先行省。要全面加强创新能力提升，协调推进经济发展，切实解决好发展不平衡不充分的问题，推动人与自然和谐共生、环境保护与经济发展深度融合，加快营造改革开放新高地，朝着共同富裕目标，持续增进民生福祉。

坚定贯彻"五个着力"重要要求，切实推动国家重大战略在四川现代化建设中落地。要着力推进产业结构优化升级，突出产业对现代化的支撑作用，围绕转型发展优化经济结构，围绕创新发展转换发展动能，围绕跨越发展提升质量规模，加强科技创新驱动发展，提升产业竞争力和发展的主动权，主动融入国家现代化建设大战略。着力增强重点产业自主创新能力，大力增强"成渝地区双城经济圈"协同创新能力，优化区域协同创新布局，打造重点产业自主创新平台，积极创建国家级创新中心，构建重点产业科技创新基础设施体系，强化自主创新在现代化建设中的核心地位。着力夯实农业农村发展基础，加大城乡统筹发展力度，巩固拓展脱贫攻坚成果，全面推进乡村振兴，夯实农村现代化建设的基础。

3. 打造保障国家重要初级产品供给的战略基地

党的十八大以来，以习近平同志为核心的党中央高度重视初级产品保障供给，反复强调中国人的饭碗任何时候都要牢牢端在自己手中。四川作为产粮大省、生猪大省，有责任、有能力落实习近平总书记"把四川农业大省这块金字招牌擦亮"等重要指示和要求，在保障好初级产品供给方面发挥更大的作用。必须统筹好发展和安全两件大事，把初级产品供给放在重要位置，牢牢掌握发展的主动权。要心怀"国之大者"，高位部署、全力推动、重点突破、创新谋变，将粮食安全保障居于首位，大力保障粮食等重要农产品供给，把初级农产品生产放到突出位置来抓，切实提高粮食综合生产能力。

四川地处长江黄河上游，是水资源大省、水利大省、水电大省，水资源开发利用涉及领域广、行业多，具备科学有序推进水能资源开发的能力基础。需要进行统一调度，发挥水资源的最大效益，牢牢把握初级产品供给的重要地位，科学推进水能力资源开发。

四川天然气、水、钒、钛、锂矿、稀土矿等资源的储量或产量居全国前列，能在国家重要初级产品方面发挥战略性作用，充分具备打造保障国家重要初级产品供给的战略基地的基础。要进一步完善国家战略物资储备体系，打造保障国家重要初级产品供给的战略基地，要增强各类资源生产保障能力，加快各种资源先进开采技术开发应用，加快构建废弃物循环利用体系，打造国家战略与应急物资重要储备地。针对四川资源总量丰富但人均较低和利用粗放的问题，要坚持节约优先，实施全面节约战略：在生产领域，推进资源全面节约、集约、循环利用；在消费领域，增强全民节约意识，倡导简约适度、绿色低碳的生活方式。

4. 筑牢维护国家生态安全的战略屏障

2022年6月，习近平总书记来川视察期间，专程到宜宾三江口考察，并作出重要指示，体现了党中央对生态文明建设和生态环境保护的高度重视，赋予我们维护国家生态安全的重大历史责任和时代使命，为我们在新的历史起点推动长江经济带发展、黄河流域生态保护和高质量发展提供了方向指引。要全面落实推动绿色发展、促进人与自然和谐共生的部署要求，大力发展绿色低碳优势产业，持续深入打好污染防治攻坚战，加快推动绿色低碳转型发展，坚决落实"一定要把生态文明建设这篇大文章写好"等重要要求，树牢上游意识、强化上游担当，坚决扛起长江黄河上游生态保护政治责任，坚持生态优先、绿色发展，不断筑牢长江黄河上游生态屏障。

四川作为长江上游重要生态屏障和水源涵养地，在全国生态安全格局中地位十分重要。盆周山区地质条件复杂，部分生态品质区生态脆弱，在多发的自然灾害以及传统的发展方式下，生态环境保护任务艰巨，生态文明建设责任重大。要抓好生态文明建设，促进绿色转型发展。要坚定不移走生态优先、绿色发展之路，扎实推动我省长江黄河流域高质量发展；要依托长江黄金水道，完善综合交通网络布局，推动沿江通道与西部陆海新通道有效衔接；要保护、传承和弘扬好长江黄河文化，将长江文化、黄河文化和巴蜀文化、红色文化有机融合，不断提升文化品质内涵、增强文旅产业实力；要筑牢长江黄河上游生态屏障，推动生态环境保护修复，建立健全现代环境治理体系，促进经济社会发展全面绿色转型；要以四川全域为突破口，梳理全省自然资源要素，激活生态系统要素，打造绿色生态系统，提升四川全省生态系统品质；要打好防治污染攻坚战，完善生态环境现代化监管体系，提升生态环境治理能力，提升生态环境质量，加强生态修复与保护，有效保障我省生态环境安全。

人与自然和谐共生现代化是社会主义现代化建设的重要特征和新内

涵。中国式现代化是新型现代化，需要将绿色发展贯穿于发展的全过程和各个领域，以实现人与自然的和谐共生，形成人与自然的生命共同体。一是要树立人与自然和谐共生的理念，正确认识人与自然的关系，践行绿色发展理念，发展绿色经济、循环经济和低碳经济。二是要坚持良好生态就是民生，解决好人民最关心的生态环境问题，给人民群众提供高品质的生态产品和生态环境。三是坚持建设美丽四川，明确战略目标和重要措施统筹推进生态环境高水平保护和经济高质量发展。

5. 巩固实现稳藏安藏的战略要地

四川是全国第二大藏族聚居区，历来处于重要战略地位，做好相关涉藏工作，事关四川经济发展和社会稳定，事关整个涉藏地区乃至全国国家安全大局。我们要从治国、安边、稳藏内在关系上把握四川涉藏州县同全省全国大局的内在联系，推动民族地区团结进步、繁荣发展和长治久安，为全面建设社会主义现代化国家贡献四川力量。

习近平总书记指出："各族干部要全面理解和贯彻党的民族理论和民族政策，自觉从党和国家工作大局、从中华民族整体利益的高度想问题、作决策、抓工作，只要是有利于铸牢中华民族共同体意识的工作就要多做，并且要做深做细做实；只要是不利于铸牢中华民族共同体意识的事情坚决不做。"① 推动民族地区团结进步、繁荣发展和长治久安，关键在于铸牢中华民族共同体意识。铸牢中华民族共同体意识，本质是增强文化认同。文化认同是最深层次的认同，是民族团结之根、民族和睦之魂。当前，四川发展站在新的起点上，涉藏地区不少工作也来到了关键节点，面对新形势新任务，尤其需要我们强化政治意识、大局意识、责任意识，切实把思想和行动统一到中央精神和省委决策部署上来，推动各项工作落地落实见效。

---

① 《不断巩固中华民族共同体思想基础　共同建设伟大祖国　共同创造美好生活》，《人民日报》2022年3月6日。

（四）牢牢把握新时代治蜀兴川的发展方向

发展是我国解决一切问题的基础和关键。我国经济已由高速增长阶段转向高质量发展阶段，发展不足仍然是四川最突出的问题。要全面落实习近平总书记对四川工作系列重要指示精神和党中央决策部署，以高质量发展为着力重点，以"惠民生"为重要任务，时刻把人民群众的安危冷暖放在心上，聚焦聚力抓发展，用心用情惠民生，进一步奏响兴省强省、为民富民的时代旋律。

1. 推动经济高质量发展是推进现代化建设的第一要务

抓发展是第一要务。推动经济高质量发展，是习近平新时代中国特色社会主义经济思想的重要内容，是党中央面对新的发展形势和实现新的发展目标作出的重大战略部署，明确了今后四川经济发展的方向，是统领和引领四川经济建设发展的重要遵循。要聚焦立足新发展阶段、贯彻新发展理念、融入新发展格局、推动高质量发展，进一步加强对四川重大发展问题的研究，在区域发展演进和产业分工调整中更好把握定位、明晰方向，在服务国家战略和深化改革开放中更好抢抓机遇、提质赋能。

要大力推进城乡区域协同发展，促进全体四川人民共同富裕。充分发挥各个层面主体作用，完善区域协作机制，强化区域联动规划，优化现代化建设时空布局。坚定共同富裕作为社会主义现代化四川建设的重要目标之一，正确处理好效率与公平、发展与共享、先富与后富、当前与长远的关系，紧扣省情实际、结合职能职责研究谋划具体举措。进一步实施巩固脱贫攻坚成果与乡村振兴有效衔接各项工作，持续推进脱贫地区发展和群众生活改善，提升经济活力，增强发展后劲，有力保障和改善民生，持续推进新型城镇化和农村现代化建设，力争四川中等收入群体显著扩大，城乡基本公共服务均等化逐步完成，城乡区域发展差距和居民生活水平差距显著缩小，在促进全川人民实现共同富裕上取得明显进展。

2. 着力保障和改善民生是推进现代化建设的价值取向

惠民生是根本目的，必须突出为人民创造幸福安逸生活这一总取向，实施更多有温度的政策举措、暖民心的切实行动，让改革发展成果更多更公平惠及全体人民，努力让人民群众的获得感成色更足、幸福感更可持续、安全感更有保障。要大力推进新型城镇化，充分发挥各个层面主体作用，完善区域协作机制，强化区域联动规划，优化现代化建设时空布局。突出提升以中心城市和城市群融合发展，加大对县域发展的支持力度，联动"五区"协同发展，推动新型城镇化和农业现代化。坚定共同富裕作为社会主义现代化四川建设的重要目标之一，正确处理好效率与公平、发展与共享、先富与后富、当前与长远的关系，紧扣省情实际、结合职能职责研究谋划具体举措。进一步实施巩固脱贫攻坚成果与乡村振兴有效衔接各项工作，持续推进脱贫地区发展和群众生活改善，提升经济活力，增强发展后劲，有力保障和改善民生，持续推进城市现代化和农村现代化建设，力争我省中等收入群体显著扩大，城乡基本公共服务均等化逐步完成，城乡区域发展差距和居民生活水平差距显著缩小，在促进全川人民实现共同富裕上取得明显进展。

（五）牢牢把握新时代治蜀兴川的根本保证

全面建设社会主义现代化四川，关键在党，关键在人。省第十二次党代会报告提出，要坚定沿着习近平总书记指引的方向前进，把党的政治建设摆在突出位置，营造风清气正的良好政治生态。要大力弘扬伟大建党精神，突出抓好党的政治建设这个根本性建设，深入贯彻全面从严治党战略方针，坚定不移推进新时代党的建设新的伟大工程。

1. 坚持以党的政治建设为根本统领

必须把党的政治建设放到推动社会主义现代化四川建设的统领位置，始终把坚持党的权威和集中统一作为政治建设的首要任务。

一是讲政治是首要原则。旗帜鲜明讲政治，既是马克思主义政党的鲜明特征，也是我们党以一以贯之的政治优势。习近平总书记强调："讲政治，是我们党补钙壮骨、强身健体的根本保证，是我们党培养自我革命勇气、增强自我净化能力、提高排毒杀菌政治免疫力的根本途径。"① 要坚决做到"两个维护"，自觉维护习近平总书记党中央的核心、全党的核心地位，更加自觉地维护党中央权威和集中统一领导，始终沿着习近平总书记指引的方向奋勇前行。要始终把对党绝对忠诚作为首要政治品质和干事创业的根本政治前提，坚决维护习近平总书记党中央的核心、全党的核心地位。

二是要坚持正确的政治方向。政治方向是党生存发展第一位的问题，事关党的前途命运和事业兴衰成败。习近平总书记指出："我们所要坚守的政治方向，就是共产主义远大理想和中国特色社会主义共同理想、'两个一百年'奋斗目标，就是党的基本理论、基本路线、基本方略。"② 坚守正确的政治方向，就是要体现在坚定政治信仰，坚持用党的科学理论武装头脑，坚定执行党的政治路线，坚决站稳政治立场，夯实思想根基，牢记初心使命；要推动全省党员干部将坚持正确方向贯彻到治蜀兴川的各项重大战略部署中去，统一思想，团结一心，努力把全省各级党组织和党员干部队伍凝聚起来，在坚定不移地朝着社会主义现代化四川的方向前行。

三是要站稳政治立场。政治立场事关党的政治建设根本，必须坚决站稳党性立场和人民立场。习近平总书记指出："从建党的开天辟地，到新中国成立的改天换地，到改革开放的翻天覆地，再到党的十八大以来党和国家事业取得历史性成就、发生历史性变革，根本原因就在于我们党始终坚守了为中国人民谋幸福、为中华民族谋复兴的初心和使命。"③ 要站稳党性立场，自觉向党中央看齐、向习近平总书记看齐，始终在政治立场、政治方向、政治原则、政治道路上同以习近平同志为核心的党中央保持高

---

① 《习近平关于"不忘初心、牢记使命"论述摘编》，党建读物出版社、中央文献出版社2019年版，第107页。

② 习近平：《论坚持党对一切工作的领导》，中央文献出版社2019年版，第252页。

③ 《习近平谈治国理政》第四卷，外文出版社2022年版，第43页。

度一致；要始终站稳人民立场，自觉践行全心全意为人民服务的宗旨，贯彻党的群众路线，保持党同人民群众的血肉联系，自觉把以人民为中心的发展思想贯穿到各项工作之中，扎实推进共同富裕，让现代化建设成果更多更公平惠及全体人民。

四是大力营造良好政治生态。营造良好政治生态作为一项长期任务，必须作为党的政治建设的基础性、经常性工作。习近平总书记指出："政治生态好，人心就顺、正气就足；政治生态不好，就会人心涣散、弊病丛生。"[①] 要涵养积极健康的党内政治文化，弘扬忠诚老实、公道正派、实事求是、清正廉洁等政治价值观；要不断增强党内政治生活的政治性、时代性、原则性和战斗性，既要有时代感，更要有仪式感，既要塑形，更要铸魂；要把好选人用人这个政治生态的风向标，始终把政治标准放在第一位。

五是着力提升政治能力。政治能力既是党员干部的首要能力，也是衡量党员干部能否担当重任的检验标尺。要加强理论武装，从党的科学理论中汲取营养，不断提高政治判断力，不断深化对习近平新时代中国特色社会主义思想科学性真理性的理解把握，深刻领会其核心要义、精神实质、丰富内涵、实践要求，切实转化为自觉行动；要深刻领会党的科学理论蕴含的马克思主义立场、观点、方法，对党中央精神深入学习、融会贯通，坚持用党中央精神分析形势、推动工作，始终同党中央保持高度一致，提高政治领悟力；要始终坚定执着，提高政治执行力，持续推进世界观、人生观、价值观改造提升，坚守共产党人精神家园和政治品质。

2. 大力弘扬伟大建党精神

伟大建党精神，是党的百年奋斗积累的宝贵精神财富，是中国共产党性质宗旨、理想信念、初心使命、责任担当、精神风貌、崇高情怀、价值追求的集中体现，为中国共产党人建设社会主义现代化事业提供强大精神

---

① 《习近平谈治国理政》第二卷，外文出版社 2017 年版，第 167 页。

动力。习近平总书记指出："一百年前，中国共产党的先驱们创建了中国共产党，形成了坚持真理、坚守理想，践行初心、担当使命，不怕牺牲、英勇斗争，对党忠诚、不负人民的伟大建党精神，这是中国共产党的精神之源。"① 伟大建党精神是我们党的宝贵精神财富，具有独特的历史地位和强大的激励作用。

大力弘扬伟大建党精神，要坚持用习近平新时代中国特色社会主义思想武装头脑，始终坚持真理、坚守理想，努力为实现第二个百年奋斗目标提供强大精神动力；要矢志不移践行初心、担当使命，始终牢记党的宗旨，不断满足人民对美好生活的向往，时刻牢记以人民为中心；要发扬不怕牺牲、英勇斗争的精神，推动全党不断开创建设社会主义现代化四川新局面，增强斗争意识，有效应对重大挑战、抵御重大风险、克服重大阻力、解决重大矛盾；要始终将对党忠诚作为共产党人首要的政治品质，始终把人民放在心中最高位置，树立不负人民的家国情怀，不断锤炼政治品格，以忠诚干净担当的实际行动，真正做到对党忠诚一心一意、为民服务全心全意。

3. 坚定不移地推进党的建设伟大工程

把党的建设作为一项伟大工程来推进，是我们党的一大创举，是我们党领导人民进行伟大社会革命的重要法宝。全面落实新时代党的建设总要求，坚持把党的政治建设放到首位，大力推进思想建设、组织建设、作风建设、纪律建设，把制度建设贯穿其中，深入推进反腐败斗争。

要切实增强"四个意识"、坚定"四个自信"、做到"两个维护"，自觉把思想统一到党的二十大精神上来，把力量凝聚到实现党的二十大确定的各项任务上来，坚定推动党的二十大决策部署在四川具体化，在新的征程上奋力谱写四川发展新篇章，为实现党的二十大确定的目标任务作出四川更大贡献。

---

① 《习近平谈治国理政》第四卷，外文出版社2022年版，第7页。

推进新时代党的建设,要时刻保持自我革命精神,保持刀刃向内勇气。勇于自我革命,是我们党最鲜明的品格,也是我们党最大的优势。打铁必须自身硬。坚决扛起"走在前、开新局"光荣使命,一定要坚定不移推进党风廉政建设和反腐败斗争,不断增强党自我净化、自我完善、自我革新、自我提高能力,始终保持共产党人的政治本色。

三、奋力谱写四川发展新篇章的重要原则和奋斗目标

四川省委十二届二次全会指出,全面建设社会主义现代化四川,是新时代治蜀兴川的总目标总任务。围绕这一重大任务,全会提出"六个深刻把握""六个担当""六个过程",进一步丰富和完善了治蜀兴川总体工作布局。当前,四川已经站在新的历史起点上,要牢牢把握四川全面推进社会主义现代化国家建设的战略安排和重大原则,在全面建设社会主义现代化国家新征程上,明确现代化四川建设的奋斗目标,奋力谱写四川发展新篇章。

(一)奋力谱写四川发展新篇章的重要原则

四川省委十二届二次全会以"深入学习贯彻党的二十大精神、在新征程上奋力谱写四川发展新篇章"为主题主线,对以中国式现代化引领四川现代化建设作出总体谋划,系统回答"谱写什么样的发展新篇章、怎样谱写发展新篇章"这一重大课题。围绕这一重大问题,省委全会科学提出一整套思路举措,提出"六个深刻把握""六个担当""六个过程",进一步丰富和完善了治蜀兴川总体工作布局,必将有力推动四川现代化建设不断开创新局面、取得新胜利。

1. 以"六个深刻把握"为核心要义

深入学习贯彻落实习近平总书记对四川工作系列重要指示精神,必须准确把握习近平总书记要求的核心要义和关注重点。我们要深刻把握习近平

总书记对四川所处战略地位的科学判断,从党和国家事业发展全局认识和把握四川经济社会发展,增强大局意识、全局意识,发挥四川优势,勇担时代重任,努力为全面建设社会主义现代化国家贡献更多四川力量。深刻把握习近平总书记对四川发展主要矛盾和突出问题的精准把脉,牢牢扭住经济建设这个中心,紧紧抓住经济工作这个"牛鼻子",始终聚精会神搞建设、一心一意谋发展。深刻把握习近平总书记对四川发展总体要求的战略指引,坚持稳中求进工作总基调,完整、准确、全面贯彻新发展理念,主动服务和融入新发展格局。深刻把握习近平总书记对四川发展着力重点的靶向分析,立足四川实际、突出四川特点,做强做大优势、补齐补全短板,坚定不移推进四川高质量发展。深刻把握习近平总书记对四川发展价值取向的鲜明要求,始终坚持以人民为中心的发展思想,时刻把人民群众的安危冷暖放在心上,紧紧围绕让老百姓过上好日子,朝着共同富裕目标持续增进民生福祉。深刻把握习近平总书记对四川发展策略方法的悉心指导,树立底线思维、极限思维和忧患意识,增强斗争精神,坚定必胜信心,咬定目标不放松,以不达目的不罢休的勇气和态度做实做细做好各项工作。

2. 以"六个担当"为基本定位

四川省委十二届二次全会紧扣国家战略所需,围绕服务和融入新发展格局,打造带动全国高质量发展的重要增长极和新的动力源,明确四川服务国家全局的"六个担当"。一是要担当服务国家高水平科技自立自强的时代使命。四川高等院校和科研院所超过400家,孕育诞生一批大国重器,各类创新要素加速汇聚转化。要发挥院所高校众多、科教人才资源富集优势,打造战略科技力量建设重要支撑地。二是要担当维护国家经济和产业安全的时代使命。四川是制造大省,三线建设奠定了产业体系重要基础,工业涵盖41个大类行业、497个小类行业,具有较强生产供给能力。要发挥工业体系完备、产业门类齐全和市场腹地广阔优势,形成先进制造业完整产业链重要集聚地。三是要担当保障国家重要初级产品供给的时代使命。四川素有"粮猪安天下"之称，水电发电量超过全国1/4，天然气（页岩气）探明储量居全国首位，钒钛、稀土等战略资源居全国前列。要发挥粮油大省、生猪大省、能源资源大省优势，建强重要物资供应保障地。四是要担当维护国家生态安全的时代使命。四川立体气候孕育了生物多样性、生态原真性，珍稀物种世所罕有，大熊猫国家公园、若尔盖国家公园加快建设，森林覆盖率超过40%，绿色低碳优势产业正加快培育壮大。要发挥生态本底优势，筑牢长江黄河上游生态功能重要承载地。五是要担当助推构建对外开放新格局的时代使命。四川地处"一带一路"和长江经济带联结点，是西部陆海新通道的重要起点和沟通东亚与东南亚、南亚的重要通道，是促进国内国际双循环的重要枢纽。要发挥南向西向开放门户优势，构筑参与国际合作和竞争新基地。六是要担当服务国家治边稳藏的时代使命。四川是连接中部地区和西藏、云南的重要枢纽，素有"稳藏必先安康"之说，对治国、安边、稳藏具有重大战略意义。要发挥连接西藏和沟通南亚东南亚的区位优势，巩固实现稳藏安康的战略要地。

以上六个方面，把国之大者与省情实际紧密联系起来，是贯彻习近平总书记重要指示精神的进一步深化，也是落实党的二十大精神的具体行动，体现了四川作为经济大省、能源资源大省、人口大省和科教大省的使命担当。

3. 以"六个过程"为重要方向

党的二十大深刻阐释了中国式现代化的中国特色、本质要求和必须牢牢把握的重大原则，这是对我国社会主义现代化建设长期探索和实践的科学总结，是对世界现代化理论的重大丰富和发展。四川现代化建设是中国式现代化进程的生动缩影，经过了一个长期奋斗过程，还将付出更为艰巨、更为艰苦的努力。坚持以中国式现代化引领四川现代化建设，必须牢牢把握中国式现代化的丰富内涵，立足省情实际和发展阶段性特征，加深对四川现代化建设的认识：第一，四川现代化是经济大省推动高质量发展、加快向经济强省跨越的过程；第二，四川现代化是西部内陆省份走向开放前沿、深度融入新发展格局的过程；第三，四川现代化是多民族人口大省增进团结和谐、促进共同富裕的过程；第四，四川现代化是文化底蕴深厚省份绽放多彩人文之韵、推进文化自信自强的过程；第五，四川现代化是长江黄河上游重要省份筑牢生态屏障、实现人与自然和谐共生的过程；第六，四川现代化是多重治理难题交织省份更好统筹发展和安全、促进高效能治理的过程。

四川省委十二届二次全会坚持以习近平新时代中国特色社会主义思想为指导，全面贯彻党的二十大精神和习近平总书记对四川工作系列重要指示精神，坚定以中国式现代化引领四川现代化建设，总揽全局、抓纲带目，从总任务出发，由总牵引到总体布局，再到全面落实省委工作总思路，层层递进、落地落实，必将在新起点上推动治蜀兴川再上新台阶、在新征程上谱写四川发展新篇章。

（二）奋力谱写四川发展新篇章的重要目标

四川现代化是中国式现代化的重要篇章。推进四川省现代化建设是经济大省推动高质量发展、加快向经济强省跨越的过程，是西部内陆省份走向开放前沿、深度融入新发展格局的过程，是多民族人口大省增进团结和谐、促进共同富裕的过程，是文化底蕴深厚省份绽放多彩人文之韵、推进文化自信自强的过程，是长江黄河上游重要省份筑牢生态屏障、实现人与自然和谐共生的过程，是多重治理难题交织省份更好统筹发展和安全、促进高效能治理的过程。要以"成渝地区双城经济圈"建设为总牵引，以"四化同步、城乡融合、五区共兴"为总体布局，坚持"讲政治、抓发展、惠民生、保安全"工作总思路，以奋发有为的精神把四川现代化建设不断推向前进。

1. 经济高质量发展取得新突破

要全面贯彻党的二十大精神，坚决把落实总书记对四川工作系列重要指示精神和党中央决策部署作为做好四川经济工作的根本任务，团结带领全省广大干部群众埋头苦干、攻坚克难，推动全省经济实力跃上新台阶。要继续坚定不移贯彻新发展理念，努力推进经济总量占全国比重持续提升，财政收入稳步较快增长，科技对经济增长贡献稳步提高，区域发展差距逐步缩小。

（1）以"成渝地区双城经济圈"建设总牵引。

"成渝地区双城经济圈"建设，是党中央统筹"两个大局"作出的重大战略决策，是全面建设社会主义现代化四川的总牵引。要坚决扛起党中央赋予的战略使命，突出双城引领，强化双圈互动，推进两翼协同，加快中部崛起，推动战略实施全面提速、整体成势。

一是突出双圈引领。要坚持"一极两中心两地"的目标定位，坚决扛起党中央赋予的战略使命，突出双城引领，强化双圈互动，推进两翼协同，加快中部崛起，推动战略实施全面提速、整体成势；以"成渝双城城市圈"建设加强川渝协同联动，强化极核和主干功能，加快培育壮大双城经济圈，促进内圈同城化、全域一体化。

二是要强化双圈互动。要把握好唱好"双城记"、共建"经济圈"的重要要求，聚焦打造带动全国高质量发展的重要增长极和新的动力源，加快做大经济总量、提高发展质量，不断增强区域发展活力和国际影响力，推动形成有实力、有特色的双城经济圈；提升成都极核发展能级，支持成都全面建设践行新发展理念的公园城市示范区，做优做强国家中心城市核心功能，加快建设中国西部具有全球影响力和美誉度的现代化国际大都市；深化成德眉资同城化发展，共建成德临港经济产业带、成眉高新技术产业带、成资临空经济产业带，加快建设轨道上的都市圈，打造综合能级更高、支撑带动能力更强的全省发展主干和成渝地区发展引擎；促进一轴两翼协同联动，支持成渝主轴节点城市融合发展，推动成渝地区中部崛起；推进万达开川渝统筹发展示范区、川南渝西融合发展试验区等建设，促进川东北、渝东北一体发展，带动成渝地区北翼振兴、南翼跨越。

三是要锁定重点区域，加强川渝合作。全面落实《成渝地区双城经济圈建设规划纲要》和联合实施方案，强化规划衔接政策对接，从各项规划、方案、执法和标准化建设入手，扎实做好各个领域政策对接，大力支持川渝两地市场主体和社会组织加强对接合作，构建多层级、多方面、立体化的沟通平台，广泛凝聚共识和合力；要建成一批具有支撑性带动性的重大项目平台，深化川渝合作示范区建设。

四是要探索经济区与行政区适度分离改革的实现路径。创新毗邻合作、园区共建、飞地经济等新模式，促进各类生产要素有序流动、优化配置；加快建设万达开川渝统筹发展示范区、川南渝西融合发展试验区、川渝高竹新区等毗邻合作平台；探索共建共享的公共资源配置机制、分工协同的产业合作机制、异地通办的政务服务机制，形成联系更加紧密的发展共同体，以体制机制创新激发双城经济圈建设内生动力。

（2）以"四化同步、城乡融合、五区共兴"为战略布局。

一是四化同步。坚持工业兴省，大力实施制造强省战略，在优势产业高端化上做文章，在传统产业新型化上下苦功，在新兴产业规模化上求突破，以工业为主擎建设具有四川特色的现代化产业体系；加快建设数字四川，推动基础设施信息化升级，推动企业行业信息化改造，推动经济社会信息化转型，促进数字经济与实体经济深度融合；坚持以人为核心的新型城镇化，以城市群、都市圈为依托构建大中小城市协调发展格局，推进以县城为重要载体的城镇化建设，加快形成分工合理、功能互补、良性互动的城镇化整体布局；必须坚持农业农村优先发展，聚焦打造新时代更高水平的"天府粮仓"，着力构建粮经统筹、农牧并重、种养循环的现代农业体系，把农业大省金字招牌擦得更亮。

二是城乡融合。必须坚持以城带乡、以工促农，推动城市基础设施向乡村延伸、公共服务向乡村覆盖、现代文明向乡村传播，加快形成城乡共同繁荣新局面；要发展现代化农业产业，立足本地实际，优化城乡产业发展空间布局，以新型农业产业园区建设为载体，大力提升农村产业化水平；要筑牢生态红线，厚植绿色本底，严格区分生产空间、生活空间和生态空间，推动大中小城市融合发展。要留住文化根脉，在城乡建设中加强历史文化保护，妥善处理好发展与保护的关系，实施城市生态修复和功能完善工程，保护好传统文化基因，让历史文化与城乡建设有机融合，与现代生活交相辉映。

三是五区共兴。要根据四川省不同区域发展水平和产业特点制定差异化政策，高水平推动区域协调发展，促进成都平原、川南、川东北、攀西经济区和川西北生态示范区协同共兴；要建强动能更充沛的现代化成都市圈，着力打造全省高质量发展的主引擎，加快建设高能级都市圈，共建新型城镇化引领示范区、现代高端产业集聚区和国际消费中心，逐步建成具有国际影响力的现代化都市圈；找准区域发展定位，加快培育区域中心城市，优化五个区域发展功能。如川南经济区要通过发展白酒优势产业，建立国家级创新平台，构建行业领先的生态环境体系，推进一体化发展，建成南向开放重要门户和川渝滇黔接合部区域经济中心；川东北经济区要加快推动振兴发展，发展建成东向北向出川综合交通枢纽和川渝陕甘结合部区域经济中心；攀西经济区，要重点推动转型升级，建成攀西国家战略资源创新开发试验区、现代农业示范基地和国际阳光康养旅游目的地，加快建设国家级战略资源创新开发试验区和攀西国家级现代农业示范区；川西北生态示范区要把生态功能放在第一位，重点推进巩固脱贫攻坚与乡村振兴衔接发展，抓好大保护大治理，发展全域旅游、特色农牧业、清洁能源、生态经济等，切实筑牢长江黄河上游生态屏障支撑经济高质量发展。

2. 改革开放迈出新步伐

习近平总书记强调："改革不停顿，开放不止步，在更高起点上推进改革开放。"① 在全面建成社会主义现代化四川的征程中，必须要全面深化改革，以经济体制改革为重点，紧紧围绕构建高水平的社会主义市场经济体制，坚持社会主义市场经济改革方向，完善现代产权制度，推动要素

---

① 《习近平谈治国理政》第四卷，外文出版社2022年版，第230页。

市场化配置，加快建设高标准市场体系，健全公平竞争制度，不断完善市场化法治化国际化营商环境，大力发展民营经济，充分激发各类市场主体活力。

(1) 深化重点领域和关键环节改革取得重大进展。

一是要从当前四川省迫切需要和长远问题出发，坚持问题导向，整合科技资源配置，推动创新要素市场化改革，有效释放创新主体潜能；聚焦重点领域，推动改革纵深推进，全面深化科技创新体制改革，充分激发创新主体动力；要大力实施核心零部件、元器件、材料、基础工艺、软件等七个领域实施产业基础再造工程，重点产业技术和装备的安全自主可控和优势提升实施重大技术装备攻关工程；要依靠创新驱动塑造发展优势，加快转变发展方式、优化经济结构、转换增长动力，不断开辟高质量发展新境界。

二是深入推进创新驱动发展战略，牢固树立科技创新在现代化建设中的战略支撑作用，加快推动经济转型发展。坚持以"成渝地区双城经济圈"建设战略为引领，加强区域科技创新协同体系建设，优化科技创新区域布局，加快建设国家科技创新先行示范区和"成渝地区双城经济圈"创新高地。

三是强化企业、高校的创新主体地位，完善科技创新融合发展促进机制，实施创新主体培育计划，加快构建龙头企业牵头、高校和科研院所支撑、各创新主体相互协同的创新联合体；不断推进创新驱动发展战略，构建释放科技生产力创新发展体系，做大做强智力支撑，有效推动科技创新助力现代化建设。

四是深化科研领域"放管服"改革，营造良好创新创造环境，大力聚集创新创业资源，提升社会创新活动效率。全面创新改革试验，积极构建军民深度融合产业培育体系，有机联动区域军民融合创新主体，充分发挥组织、企业、科研院所的辐射带动作用，扎实推进军民融合发展。

(2) 全面建成改革开放新高地，开放型经济发展迈上更高水平。

一是以全面建成内陆改革开放新高地，要打造更加开放的国内国际双循环，更加需要坚定不移扩大开放，推动由商品和要素流动型开放向规则等制度型开放转变，建设更高水平开放型经济新体制。充分利用四川省在全国开放战略中区位特点和资源优势，抓住东向南向西向重点方向，找准突破口，着力构建改革开放新格局，以高质量开放促进高质量发展。

二是构建高效能开放大通道，充分发挥成都市国家重要商贸物流中心、成都国际铁路港口作用，大力打造国际门户枢纽，增强国际铁路枢纽能级，加快中欧班列及西部陆海新通道集结中心等基础性功能性项目建设，推进铁路场站作业数字化、智能化改造升级，优化东向开放通道，构建连江通海的国际开放通道，巩固宜宾港、泸州港的中转枢纽地位。

三是建设高水平开放平台。以改革开放推动外经外贸高质量发展，做大做强开放型经济。加强东西部合作机制，加强与长三角有关省市的合作，主动融入中美省州长论坛、中日省长知事论坛等合作机制，积极对接美国、日本、韩国等发达经济体，健全东中西部协调对接机制，强化东部开放口岸和载体建设，提升东向开放水平。充分利用"南向丝绸之路"起点的优势，深度对接国家中新合作机制以及粤港澳大湾区、北部湾经济区，深化与南亚、东南亚等合作，提高南向开放水平。加大中欧高端合作，不断深化与英国、德国、法国、意大利等国家的交流合作，推动外贸、外经联动发展，加快建设"一带一路"国际铁路港和进出口商品集散中心，引进壮大一批龙头企业和基地型、总部型项目，推进南向开放向纵深发展。

四是壮大开放型经济产业。加快推进开放型产业体系发展，加快构建新型服务业、先进制造业、新经济形态为支撑的现代化开放性产业体系。稳步推进服务业领域双向开放，加大国际服务外包示范布局，大力发展口岸经济、离岸贸易、电信增值服务、飞机保税融资租赁业务，加大建设四川开放创新的主阵地。以产业圈建设为核心，以产业功能区建设为抓手，突出新型工业化的主导作用，加快优势产业高端化发展，推动传统产业新型化发展，积极培育和引进量子信息、6G、自动驾驶、数字经济、新能源等新兴产业，加快推进核心产业规模化发展，打造现代开放型产业集聚，推动开放型经济高质量发展。

3. 四化同步发展实现新提升

四川省委十二届二次全体会议公报提出，要"对标对表党的二十大部署要求，紧扣四川省情实际和发展阶段性特征，要以'四化同步、城乡融合、五区共兴'战略部署，推动新型工业化、信息化、城镇化和农业现代化在时间上同步演进、空间上一体布局、功能上耦合叠加，加快推进城乡融合发展，促进省内先发地区同欠发达地区协同共兴，以此统揽四川现代化建设全局"。聚焦解决四川发展不平衡不充分问题，着力推进四化同步。

（1）以新型工业化为主导。

一是要深入实施创新驱动的发展战略。进一步完善建立企业主导的产业创新生态，着力打造制造业创新发展的新优势，实施关键核心技术的攻关工程，突破一批重大标志性的技术、产品和装备，实施国家制造业创新网络建设工程、建设开放协同高效的共享技术平台。

二是要打造现代化的产业链。继续实施产业基础再造工程，瞄准关系到国计民生、国家安全、高技术战略性领域，实施产业链、供应链强链和补链，推动传统产业全产业改造升级，大力发展产业数字化和数字产业化，前瞻性布局未来产业，掌握产业发展主动权。

三是推动制造业实现"三化"发展，即"高端化、智能化、绿色化"。加快实施质量强国战略，扩大高质量产品供给能力，打造有国际影响力的高端制造品牌，大力推动智能制造，培育壮大智能服务的新模式和新业态，围绕碳达峰、碳中和的目标发展和完善绿色制造体系，加快制造业的绿色低碳转型，构建绿色工业的增长新引擎。

四是促进大中小企业融通发展，加快优质企业梯度培育，包括具有生态主导力的领航企业，实施中小企业创新能力的提升工程，培育一批"专精特新"的小巨人企业，提升在重点领域、重点行业、重点区域的产业链配套协作体系，加快培育形成一批世界级的先进制造业集群。

五是构建制造业发展的良好生态。要联合多个部门继续完善创新财税支持政策，完善多层次的资本市场，优化金融产品服务供给，构建金融有效支持实体经济的体制机制，全面提升劳动者的技能水平和制造业人才队伍的专业素质和素养，支持有实力的企业走出去，深度融入全球产业链体系。

（2）以信息化为引领。

一是用信息技术改造传统产业，提升创新能力，推动新经济增长点的形成。应用信息技术加快对传统产业的改造，同时，大量运用网络经济缩短企业与用户，生产与市场的距离，以发展电子商务为核心，加快建立企业内部资源计划信息系统，通过专业通信网、互联网查询发布相关信息。

二是用信息技术管理企业，促进管理计划的有效实施。首先是建立业务管理平台，支持企业整体业务运作；其次是搭建内部管理、协同办公平台，支持企业内部沟通、文档管理、工作流管理等；最后是搭建企业经营决策分析平台，用于企业经营分析，辅助决策支持等。

三是推进智慧城市建设，推动政务信息化建设。数字信息基础设施是新型智慧城市建设的基石，要加快基础设施建设，夯实智慧城市根基；突破关键技术，筑牢智慧城市安全基础；聚焦数据运营，释放智慧城市核心价值；发挥场景驱动作用，加快智慧城市应用落地。

四是重视信息化与农业现代化相融合，推进物联网在设施农业的应用创新和发展。推动农业物联网构建，在种植、养殖等方面的农业经济活动进行智能化的发展；利用电子商务发展模式来促进特色农业的发展，有效地增加农业产量，拓展销售范围；构建农业大数据，推动管理服务网络构建，促进农业大数据的融合和发展。

（3）以城镇化为动力。

一是加强和创新城市社会治理。顺应城市社会结构变化新趋势，创新社会治理体制，加强党委领导，发挥政府主导作用，鼓励和支持社会各方面参与，实现政府治理和社会自我调节、居民自治良性互动。健全社区党组织领导的基层群众自治制度,推进社区居民依法民主管理社区公共事务和公益事业。

二是完善城乡发展一体化体制机制。加快消除城乡二元结构的体制机制障碍,推进城乡要素平等交换和公共资源均衡配置,让广大农民平等参与现代化进程、共同分享现代化成果。加快建立城乡统一的人力资源市场,落实城乡劳动者平等就业、同工同酬制度。统筹经济社会发展规划、土地利用规划和城乡规划。

三是促进公共资源在城乡之间均衡配置,改变社会公共资源过度向大中城市集聚的趋向,逐步实现教育资源、文化资源、医疗卫生资源、社会保障资源等公共资源在城乡的均衡配置,推进建立普惠、均等、一体化的基本公共服务体系。

(4) 以农业现代化为根本。

一是保障国家粮食安全和重要农产品有效供给。确保国家粮食安全是推进城镇化的重要保障。要严守耕地保护红线,稳定粮食播种面积。加强农田水利设施建设和土地整理复垦,加快中低产田改造和高标准农田建设。继续加大对粮食主产区投入,将粮食生产核心区和非主产区产粮大县建设成为高产稳产商品粮生产基地。完善主要农产品市场调控机制和价格形成机制。积极发展都市现代农业。

二是加快完善现代农业产业体系,发展高产、优质、高效、生态、安全农业。提高农业科技创新能力,推广现代化农业技术。鼓励农业机械企业研发制造先进实用的农业技术装备,改善农业设施装备条件。创新农业经营方式。加快构建公益性服务与经营性服务相结合、专项服务与综合服务相协调的新型农业社会化服务体系。

三是完善农产品流通体系,统筹规划农产品市场流通网络布局,加强农产品期货市场建设。健全覆盖农产品收集、存储、加工、运输、销售各环节的冷链物流体系。加快培育现代流通方式和新型流通业态,大力发展快捷高效配送。加快发展农产品电子商务,降低流通费用。

四是建设社会主义新农村。提升乡镇村庄规划管理水平，在提升自然村落功能基础上，保持乡村风貌、民族文化和地域文化特色；深入开展农村环境综合整治，实施乡村清洁工程，推进农村垃圾、污水处理和土壤环境整治，加快农村河道、水环境整治。

4. 共同富裕建设达到新高度

党的二十大报告强调，"中国式现代化是全体人民共同富裕的现代化。共同富裕是中国特色社会主义的本质要求，也是一个长期的历史过程"。四川省委十二届二次全体会议通过的决定提出，"坚持以人民为中心的发展思想，顺应人民对美好生活的向往，采取更多惠民生、暖民心举措，推动现代化建设成果更多更公平惠及全川人民，持续提高人民生活品质，努力建设共同富裕美好四川"。四川省委、省政府始终坚持以人民为中心的发展思想，坚持共同富裕发展，切实保障和改善民生，从解决人民群众最关心最直接最现实的利益问题入手，不断满足人民日益增长的美好生活需要，不断促进社会公平正义，使四川群众的获得感、幸福感、安全感更充实、有保障、可持续，共建共享美丽繁荣和谐四川。

（1）持续扩大就业，多渠道增加城乡居民收入。

一是完善就业服务体系。坚持劳动者自主就业、市场调节就业、政府促进就业和鼓励创业的方针，深入实施就业优先战略，完善城乡均等的就业创业公共服务体系。

二是实施更加积极的就业创业政策，实现比较充分和更高质量就业。建立经济发展与扩大就业联动机制，加强就业政策与宏观经济政策的衔接。实施高校毕业生就业创业促进计划和基层成长计划，鼓励引导农民工等群体返乡下乡创业。加大对就业困难人员就业援助力度。

三是强化职业技能培训力度。推行面向全体劳动者的终身职业培训制度，实施针对不同群体的专项职业培训行动计划和定向培训工程，提升劳动者就业创业能力和职业转换能力。推行工学结合、校企合作的技术工人培养模式，扩大企业新型学徒制试点范围。

(2) 健全基本公共服务体系，提高人民生活品质。

一是以建设"健康四川"为目标，实施健康四川战略，健全公共卫生服务体系。提高医疗卫生资源配置水平，满足人民群众多层次、多元化医疗卫生需求。加强医疗保障体系建设，进一步减轻人民群众医药费用负担。实施全民预防保健工作，扩大家庭医生签约服务范围。

二是优化医疗卫生资源布局，适应群众多层次多元化医疗卫生服务需求。实施基层医疗卫生服务能力提升工程，加强基层医疗卫生服务体系和全科医生队伍建设，加大乡村医生培训力度，建立医疗资源共享机制。坚持中西医并重，传承发展中医药事业。

三是实施文化惠民工程，健全现代公共文化服务体系。不断提高公共文化服务体系标准化均等化水平，让更多群众充分共享文化发展成果。在农村重点实施振兴乡村文化行动。深化公共文化供给侧结构性改革，探索开展公共文化设施社会化运营试点。

(3) 完善社会保障体系，提高社会保障水平。

一是加快建成覆盖全民、保障适度、可持续的多层次社会保障体系。深化社会保险制度改革，提高社会保险待遇水平，推动社会保险由制度全覆盖到人群全覆盖。完善社会救助和社会福利制度，统筹城乡社会救助体系，逐步建立完善适度普惠型社会福利制度。

二是进一步改革完善社会保险制度。全面实施全民参保计划，基本实现法定人员全覆盖。完善职工养老保险个人账户制度。完善企业职工养老保险省级统筹制度。完善企业（职业）年金制度。建立全省统一的社会保险公共服务平台。

三是夯实民生基础防线，完善社会救助和社会福利制度。统筹城乡低保制度，完善低保标准低限动态调整机制，逐步缩小城乡低保标准差异。

四是优化孤寡老人服务，建立居家社区机构相协调、医养康养相结合的养老服务体系。建立生育支持政策体系，降低生育、养育、教育成本。

五是健全特困人员救助供养制度，加强特困人员供养服务机构建设，加快发展居家社区养老服务基础，积极应对人口老龄化。

(4) 践行社会主义核心价值观，更好满足群众精神文化需求。

党的二十大报告指出，要"全面建设社会主义现代化国家，必须坚持中国特色社会主义文化发展道路，增强文化自信，围绕举旗帜、聚民心、育新人、兴文化、展形象建设社会主义文化强国，发展面向现代化、面向世界、面向未来的，民族的科学的大众的社会主义文化，激发全民族文化创新创造活力，增强实现中华民族伟大复兴的精神力量"。为深刻贯彻落实党的二十大报告精神，四川省委十二届第二次全体会议通过的决定提出，要推动文化大发展大繁荣，丰富人民精神世界。发展社会主义先进文化，弘扬革命文化，传承中华优秀传统文化。

一是实施文脉赓续工程，挖掘三苏文化等价值内涵，健全文物和文化遗产保护利用体制机制，建好用好国家文化公园（四川段）。2022年6月，习近平总书记在四川省眉山市考察时表示，"要善于从中华优秀传统文化中汲取治国理政的理念和思维，广泛借鉴世界一切优秀文明成果，不能封闭僵化，更不能一切以外国的东西为圭臬，坚定不移走中国特色社会主义道路"。要整合社科机构、高等院校、文物文博文保单位等各方力量，厘清古蜀文明、巴蜀文化的历史渊源和演进脉络，深入挖掘其中蕴含的中华民族文化精神。

二是用好四川红色资源，传播红色文化。深化"四史"宣传教育，推动长征国家文化公园（四川段）、中国共产党四川历史展览馆、四川革命军事馆等建设，用好四川红色资源，生动传播红色文化。把培育和践行社会主义核心价值观融入精神文化产品创作生产传播过程中，高扬爱国主义主旋律，弘扬时代精神和民族精神。

三是扎实推进新时代公民道德建设。加强家庭、家教、家风建设，弘扬劳模精神、劳动精神、工匠精神，培树和学习宣传先进典型。广泛开展"传家训、立家规、扬家风"活动。加强社会公德、职业道德、家庭美德、个人品德教育，发挥示范引领作用。

四是深化群众性精神文明创建活动。扎实开展文明城市、文明村镇、文明单位、文明家庭、文明校园创建活动，支持成都创建全国文明典范城市。结合"四好村"创建，大力开展"移风易俗、弘扬时代新风运动"，引导群众养成好习惯、形成好风气。

5. 美丽四川建设迈出新步伐

党的二十大报告强调："中国式现代化是人与自然和谐共生的现代化。……我们坚持可持续发展，坚持节约优先、保护优先、自然恢复为主的方针，像保护眼睛一样保护自然和生态环境，坚定不移走生产发展、生活富裕、生态良好的文明发展道路，实现中华民族永续发展。"2022年6月，习近平总书记在四川省宜宾市三江口考察，听取当地推进长江流域生态修复保护等情况汇报后，对四川在长江流域生态环境保护中要发挥的作用和职责作出重要指示："保护好长江流域生态环境，是推动长江经济带高质量发展的前提，也是守护好中华文明摇篮的必然要求。四川地处长江上游，要增强大局意识，牢固树立上游意识，坚定不移贯彻共抓大保护、不搞大开发方针，筑牢长江上游生态屏障，守护好这一江清水。"2022年6月，四川省委常委会召开（扩大）会议，强调要以习近平总书记对四川工作提出的总体要求为方向指引和根本遵循，坚定走生态优先绿色发展之路，持续深入打好蓝天、碧水、净土保卫战，有力有序推进碳达峰碳中和，走出一条服务国家战略全局、支撑四川未来发展的绿色低碳转型之路。

（1）坚持降碳、减污、扩绿、增长，有力有序推进"双碳"目标实现。

一是坚持降碳、减污、扩绿、增长协同推进，深入实施碳达峰行动，统筹推动产业结构优化调整。扎实推进工业供给侧结构性改革。构建市场导向的绿色技术创新体系，加快发展先进制造业，支持推广新材料新技术新工艺，大力发展新产业新业态新模式。大力发展高端成长型产业、战略性新兴产业、积极规划新材料产业，提升高新技术产业比重。实施传统产业绿色化改造，壮大清洁生产产业。着重解决结构性污染和布局性环境风险，严控高能耗、高排放行业发展和低水平重复建设。依据区域资源环境承载能力，确定造纸、化工等产业规模限值。

二是加强先进绿色低碳技术研发应用，强化"双碳"目标科技支撑。继续深入实施《中国制造 2025 四川行动计划》，启动实施智能制造、工业强基、绿色制造、军民融合等一批重大工程，努力将四川率先建成西部制造强省和中国制造西部高地。开发绿色产品、建设绿色工厂、发展绿色园区、打造绿色供应链，实现生产低碳化、循环化和集约化。发展壮大节能环保产业，运用市场机制引导社会资源要素充分、有序投入，建设一批科技创新研发平台，组织实施一批节能环保装备产业化和示范项目。

三是培育壮大清洁能源及其支撑和应用产业，建立健全绿色低碳循环发展经济体系。提升清洁能源产业，扩大清洁能源综合利用，推进实施"气化全川、电能替代、清洁替代"工程，鼓励研究推广清洁煤技术，科学有序开发川内丰富的水电资源。以民族地区风电基地和光伏扶贫为重点推进新能源发展。完善充电桩、机场港口岸电、天然气加（注）站等清洁能源基础设施，建成国家清洁能源示范省。加快建设国家优质清洁能源基地。

（2）推动生态环境保护修复，筑牢长江上游生态屏障。

一是持续深入打好蓝天、碧水、净土保卫战。四川开启了蓝天保卫战、碧水保卫战、黑臭水体治理攻坚战、长江保护修复攻坚战、饮用水水源地问题整治攻坚战、环保基础设施建设攻坚战、农业农村污染治理攻坚战、"散乱污"企业整治攻坚战等污染防治"战役"，持续改善四川生态环境质量。

二是科学开展国土绿化，稳固"四区八带多点"生态安全格局。加强生态环境分区管控，统筹山水林田湖草沙冰系统治理，实施水土保持、地灾治理、矿山修复等重点生态工程。实施长江防护林工程，在干流和重要支流建设一批基干防护林带和林水相依景观带，加强饮用水源地、湖库周边和消落带、河渠沿线绿化。

三是落实河湖长制、林长制,持续实施长江十年禁渔计划,深化黄河干流堤岸侵蚀治理。系统实施长江等江河流域、湿地整治和生态修复工程,促进水土流失综合治理。实施长江上游干旱河谷生态治理,强化干旱半干旱地区生态综合治理。

四是持续提升生态系统质量,确保生态环境总体安全。稳定和增加自然保护地面积,在重要生态区域划建一批自然保护小区。

(3) 建立健全现代环境治理体系,提升生态环境治理现代化水平。

一是建立健全生态环境监管机制。严格环境准入制度,强化战略环评和规划环评。开展资源环境承载能力评价,逐步建立资源环境承载能力监测评价体系,依据资源环境承载评价结果,实施针对性环境管控措施。严格执行能耗、水耗、地耗、污染物排放、环境质量等国家标准,建立严于国家标准的地方生态环保标准体系,严格环境质量达标管理,落实排污许可制度。

二是健全生态环境监测网络体系。充分利用云计算、大数据平台、卫星遥感等先进信息技术,按照统一监测规划、统一基础站点、统一标准规范、统一评价方法和统一信息发布的要求,进一步完善生态环境监测网络管理制度,构建各级各类生态环境监测数据互联共享体系,初步建成生态环境监测网络。

三是完善生态环境保护法治体系。加快推进四川地方立法制定修订。在地方立法和政策制定过程中开展生态化评估,建立绿色生产和消费的法律制度和政策导向。积极推进在人民法院设立环境与资源审判庭,组建环保警察队伍。将全省环境执法机构列入政府执法部门序列,推进执法规范化建设。

四是健全社会共同参与的环境治理体系。因地制宜制定社会公众参与生态环境保护的实施方案,引导和推动社会公众积极参与。健全生态环境新闻发布机制,完善环境信息公开制度。强化第三方在环境治理中的作用。推动环保社会组织和志愿者队伍规范健康发展，拓展参与渠道，引导环保社会组织依法开展生态环境保护公益诉讼。

6. 全过程人民民主谱写新篇章

建设社会主义现代化四川，需要以民主凝聚力量、靠法治提供保障，以法治四川、平安四川建设为重要抓手。要全面落实发展全过程人民民主、保障人民当家作主的部署要求，切实加强社会主义民主政治建设，发展更加广泛、更加充分、更加健全的全过程人民民主。要全面落实坚持全面依法治川、维护平安稳定的部署要求，加快建设法治四川，全面推进四川各方面工作法治化，巩固和发展新时代治蜀兴川安定团结的良好局面。

（1）深入发展全过程人民民主，扎实推进民主法治建设。

一是不断完善人民代表大会制度。人民代表大会制度是实现我国全过程人民民主的重要制度载体。党中央推进健全人大常委会组成人员联系本级人大代表机制，畅通社情民意反映和表达渠道，支持和保证人大代表依法履职。丰富人大代表联系人民群众的内容和形式，充分发挥人大代表作用，做到民有所呼、我有所应。人大代表中的一线工人、农民、专业技术人员代表比例和农民工代表人数均有所增加。优化人大常委会、专门委员会组成人员结构，完善人大组织制度、工作制度、议事程序。健全人大讨论决定重大事项制度、各级政府重大决策出台前向本级人大报告制度。坚持正确监督、有效监督、依法监督，支持人大履行监督职责。

二是广泛发展社会主义协商民主。协商民主是中国特色社会主义民主政治中独特的、独有的、独到的民主形式。党中央出台加强社会主义协商民主建设的意见，系统谋划协商民主的发展路径，推进政党协商、人大协商、政府协商、政协协商、人民团体协商、基层协商以及社会组织协商，极大丰富了民主形式，拓宽了民主渠道，加深了民主内涵，形成了中国特色协商民主体系。

三是深入贯彻落实民族区域自治制度。党中央坚持中国特色解决民族问题的正确道路，坚持把铸牢中华民族共同体意识作为党的民族工作主线，连续召开中央民族工作和西藏工作、新疆工作等系列会议，针对新情况、新问题、新挑战，确立新时代党的治藏方略、治疆方略，健全民族工作法律法规体系，保障各族人民享有平等自由权利以及经济、社会、文化权利，既保证国家团结统一，又实现各民族共同当家作主。

四是大力建设基层群众自治制度。人民群众通过村民委员会、居民委员会、职工代表大会等，广泛、直接参与社会事务管理。以城乡村（居）民自治为核心，民主选举、民主协商、民主决策、民主管理、民主监督为主要内容的基层群众自治制度基本建立并不断完善，基层直接民主深入发展。

五是深入贯彻落实民族区域自治制度。党中央坚持中国特色解决民族问题的正确道路，坚持把铸牢中华民族共同体意识作为党的民族工作主线，连续召开中央民族工作和西藏工作等系列会议，针对新情况、新问题、新挑战，确立新时代党的治藏方略，健全民族工作法律法规体系，保障各族人民享有平等自由权利以及经济、社会、文化权利，既保证国家团结统一，又实现各民族共同当家作主。

（2）坚定推进依法治理，全面建设法治四川。

一是运用法治思维和法治方式，坚定推进依法治理。当前，四川已经全面开启建设社会主义现代化四川新征程，正处于转型发展、创新发展、跨越发展的关键时期，要坚持党对依法治省的全面领导，坚持以人民为中心，坚持依法治国、依法执政、依法行政共同推进，法治国家、法治政府、法治社会一体建设；要全面推进科学立法，严格执法，司法公正，全民守法，夯实现代化建设的法治保障。

二是要紧紧围绕"建成西部法治新高地"这个战略目标，从维护宪法权威、提升法治水平、优化法治化营商环境、形成法治建设合力等方面着力，突出了"成渝地区双城经济圈"法治一体化建设和城乡基层依法治理这两个重点任务，聚焦如何更好发挥服务发展、保障民生、维护稳定的法治功能，不断推动治蜀兴川法治建设的体制机制创新。

三是运用法治思维和法治方式,更好地满足人民群众的法治需求。切实解决好法治领域人民群众的操心事、烦心事、揪心事。善于使用法治手段,推进国家治理体系和治理能力现代化。着力健全社会领域法治规范,加快推进教育、劳动就业、社会保障、公共卫生、妇女权益保障、食品药品、粮食安全、社会治理等方面的地方立法,完善法律规划体系,着力推进法治现代化建设。

(3) 推进国家安全体系和能力现代化,增强维护国家安全的能力。

国家安全是民族复兴的根基,社会稳定是国家强盛的前提。必须坚定不移贯彻总体国家安全观,把维护国家安全贯穿于党和国家工作各方面全过程,确保国家安全和社会稳定。

一是健全国家安全体系。这是全面推进社会主义现代化四川建设的安全保障。要将推进国家安全体系和安全能力建设统一于新时代治蜀兴川的生动实践,贯穿于四川现代化建设的奋斗征程,要一体坚持、一体推进、一体落实。

二是增强维护国家安全能力。坚定维护国家政权安全、制度安全、意识形态安全,加强重点领域安全能力建设,确保粮食、能源资源、重要产业链供应链安全。全面加强国家安全教育,提高各级领导干部统筹发展和安全能力,增强全民国家安全意识和素养,筑牢国家安全人民防线。

三是提高公共安全治理水平。要着力推进自然灾害风险监测预警工作,推进自然灾害常态化治理工作,做好汛期灾害防范应对,加强气象、水文、地震监测预警,强化实战演练和应急物资储备,提升综合应急处置和救援能力。要强化安全生产与防火防灾救灾,贯彻新修改的安全生产法,加强重点领域安全执法监管,全面排查整治城镇燃气安全隐患,坚决遏制重特大生产安全事故发生,全力推进危险化学品安全风险集中治理工作。加大安全投入,压实安全责任,坚持严格监管执法与强化信息技术支撑并重,完善危险化学品安全风险防范化解工作机制,做到重大风险隐患排查见底、防范治理措施落实到位。

四是完善社会治理体系。健全共建共治共享的社会治理制度，提升社会治理效能。畅通和规范群众诉求表达、利益协调、权益保障通道，依法严惩群众反映强烈的各类违法犯罪活动。发展壮大群防群治力量，营造见义勇为社会氛围，建设人人有责、人人尽责、人人享有的社会治理共同体。要加快完善社会治安防控体系，健全矛盾纠纷多元预防调处化解综合机制，加强和改进城乡基层治理，强化食品药品安全监管，深入推进煤电油气产供储销体系建设，做好新时代民族宗教工作，促进民族团结、宗教和顺。

后　　记

　　党的十九届六中全会审议通过的《中共中央关于党的百年奋斗和历史经验的决议》明确，"坚持和发展中国特色社会主义，总任务是实现社会主义现代化和中华民族伟大复兴，在全面建成小康社会的基础上，分两步走在本世纪中叶建成富强民主文明和谐美丽的社会主义现代化强国，以中国式现代化推进中华民族伟大复兴"。党的二十大提出了向第二个百年奋斗目标进军的总动员和总部署，并向全党全国人民发起号召。

　　现代化是一个包罗宏富、多层次、多阶段的历史过程，实现现代化是近代以来世界历史发展的大趋势。一百余年来，中国共产党立足中国国情，把握经济社会发展规律，在中国大地上探寻适合自己的道路和方法，全面建成小康社会，走出了一条中国式现代化道路。这条现代化道路不同于西方现代化模式，既符合中国实际、体现中国特色社会主义建设规律，又紧跟时代潮流、体现世界现代化规律和人类社会发展规律。积蓄百年伟力，起笔复兴新篇，乘势而上开启全面建设社会主义现代化国家新征程，向着中华民族伟大复兴的光辉彼岸砥砺进发，以习近平同志为核心的党中央带领人民在中国特色社会主义道路上越走越光明、越走越宽广。中国式现代化立足中国又面向世界，坚持以马克思主义为指导，坚持以中国共产党为最高政治领导力量，坚持走中国特色社会主义道路，坚持以人民为中心，尽力建成富强民主文明和谐美丽的社会主义现代化强国、奋力实现中华民族伟大复兴的中国梦，用力实现全体人民共同富裕、促进人的全面发展，努力促

后　记

进世界和平与发展，具有鲜明的时代特征和中国特色。中国式现代化新道路的成功实践，拓展了发展中国家走向现代化的途径，为广大发展中国家探索和走向符合自己国情的现代化道路提供了经验和借鉴。

本书在成书的过程中得到了四川省委、省政府相关部门领导和专家的大力支持，特此表示诚挚的感谢和敬意！本书的编者构成如下：罗若飞、黄鹏振编写第一章；王晓红编写第二章和负责全书的统稿工作；吴蔚编写第三章；吴险峰编写第四章；龚会、阿海曲洛编写第五章，感谢各位的辛勤付出！最后，要特别感谢国家行政学院出版社各位老师的辛苦工作，使得本书能够顺利出版。

囿于多重因素，尤其是编者的水平有限，难免出现个别纰漏或不足，不妥不当之处，敬请读者批评和指正。

作者于蓉城
2023 年 3 月